Gramática
Inglesa
Comunicativa

LAROUSSE

Gramática
Inglesa
Comunicativa

LAROUSSE

Mallorca 45
08029 Barcelona

Londres 247
México 06600, D. F.

21 Rue du Montparnasse
75298 París Cedex 06

Valentín Gómez 3530
1191 Buenos Aires

NI UNA FOTOCOPIA MÁS

GRAMÁTICA INGLESA COMUNICATIVA

D. R. © MCMXCI, por Ediciones Larousse, S. A. de C. V.
Londres núm. 247, México 06600, D. F.

ISBN 970-607-052-4
978-970-607-052-4

PRIMERA EDICIÓN — 23ª reimpresión

Impreso en México — Printed in Mexico

A Joanne

Reconocimientos
a Patrice, Josianne, Geneviève, Alexandre y Annabelle por su inspiración y motivación;
a Yves Michel Allard, asesor en pedagogía del C.É.C.M., por su valiosa colaboración;
a Ginette y Louise, por el incalculable valor de sus consejos;
a Nathalie, por su trabajo empeñoso y eficiente;
a Frédérick J. Mayer, por su apoyo desde el inicio;
a los alumnos de la Cité Étudiante de la Haute-Gatineau y de la escuela de Berger, por su confianza y entusiasmo.

El autor

PREFACIO

Quienes hagan uso de esta GUÍA DE COMUNICACIÓN Y GRAMÁTICA/Guide. Communication and Grammar podrán constatar fácilmente que las obras más sencillas son a menudo las más útiles. La presente obra tiene como propósito servir como instrumento práctico para todos aquellos estudiantes cuya lengua materna no sea el inglés, pero que deseen dominar ciertos elementos constitutivos de la comunicación oral y escrita de dicha lengua.

El autor no ha tomado a la gramática como punto de partida para el aprendizaje del inglés, sino que permite al estudiante analizar fácilmente ciertos elementos propios de esta área. También, con la finalidad de hacer evidente el aspecto comunicativo del idioma, el autor ha evitado tratar únicamente las cuestiones estructurales de la lengua, aun cuando sea imposible hablar o escribir un idioma sin ocuparse de sus aspectos gramaticales.

Evidentemente, para comunicarse de manera correcta, se deben tener presentes las reglas generalmente aceptadas. Es importante observar que desde la misma formulación de un enunciado interviene ya un buen número de elementos constitutivos. Por ello, el autor ha querido respaldar los esfuerzos de los educadores, cuya meta ha sido que sus alumnos lleguen a comunicarse mediante el empleo de una lengua correcta, viva y a su alcance.

Yves Michel Allard
Asesor en pedagogía

CONTENTS

PART ONE:
EFFECTIVE
COMMUNICATION

Section One:
ASKING FOR INFORMATION IN GENERAL,
GIVING INFORMATION IN GENERAL:

BEGINNING AN ORAL OR
WRITTEN COMMUNICATION:

ENDING AN ORAL OR
WRITTEN COMMUNICATION:

ASKING QUESTIONS AND
ANSWERING QUESTIONS

CONTENIDO

PRIMERA PARTE:
HACIA UNA COMUNICACIÓN EFECTIVA
Y CORRECTA

Primera sección:
MODOS DE SOLICITAR INFORMACIÓN EN GENERAL
FORMAS DE RESPONDER A UNA SOLICITUD DE
INFORMACIÓN EN GENERAL:

FORMAS DE EMPEZAR UN MENSAJE ORAL
O ESCRITO:
al iniciar la conversación:
al inicio de una comunicación escrita

FORMAS DE TERMINAR UN MENSAJE ORAL
O ESCRITO:
al final de una conversación
al final de una comunicación escrita

MODOS DE SOLICITAR INFORMACIÓN Y FORMAS
DE RESPONDER A UNA SOLICITUD DE
INFORMACIÓN:

En forma de enunciado
Respuestas al enunciado
La forma interrogativa
La respuesta a la forma
   interrogativa
La pregunta por inversión
La respuesta a la pregunta por inversión
La pregunta con palabra interrogativa
La respuesta a una pregunta con
   palabra interrogativa
La pregunta de confirmación
La respuesta a la pregunta de confirmación: respuesta breve
Formas de solicitar una repetición o una explicación
Formas de repetir o de dar una explicación
Formas de preguntar si el receptor ha entendido el mensaje
Formas de decir si se ha entendido o no el mensaje
Formas de preguntar hasta qué punto se está seguro
Formas de decir hasta qué punto se está seguro
Formas de preguntar si algo es correcto o no
Formas de decir si algo es correcto o no

CONTENTS

SECTION THREE:
DISCUSSIONS AND CONVERSATIONS:
FINDING OUT ABOUT ATTITUDES AND
EXPRESSING YOUR ATTITUDES:

TERCERA SECCIÓN:
PLÁTICAS Y CONVERSACIONES:
FORMAS DE DESCUBRIR LAS ACTITUDES DE LOS
DEMÁS Y DE EXPRESAR LAS PROPIAS:

SECTION FOUR:
TALKING ABOUT THINGS TO DO:

CUARTA SECCIÓN:
CONVERSACIONES ACERCA DE COSAS
POR HACER:

**ASKING ABOUT THINGS TO DO OR
OFFERING SOMETHING. REACTING
TO A REQUEST OR AN OFFER:**

FORMAS DE PEDIR U OFRECER ALGUNA COSA.
FORMAS DE RESPONDER A UNA PETICIÓN O A UN
OFRECIMIENTO:

PART TWO:
GRAMMAR AT A GLANCE

SECTION ONE:
WORDS AND HOW THEY ARE USED:
PARTS OF SPEECH

SEGUNDA PARTE:
UN VISTAZO A LA GRAMÁTICA

PRIMERA SECCIÓN:
LAS PALABRAS Y LAS FORMAS DE USARLAS
COMO PARTES DE LA CONVERSACIÓN

MARKERS: KEY WORDS AND CONNECTIVE WORDS:

LOS INDICADORES: LAS PALABRAS CLAVE Y LAS PALABRAS DE ENLACE:

SECTION THREE:
CONSTRUCTION OF SENTENCES:
SYNTAX

TERCERA SECCIÓN:
LA CONSTRUCCIÓN DE FRASES:
LA SINTAXIS

CONTENTS

CÓMO UTILIZAR LA GUÍA

PRIMERA PARTE

«Hacia una comunicación efectiva y correcta». El material de esta obra se presenta a manera de diálogo, en páginas contrapuestas.

PRIMER INTERLOCUTOR   **SEGUNDO INTERLOCUTOR**

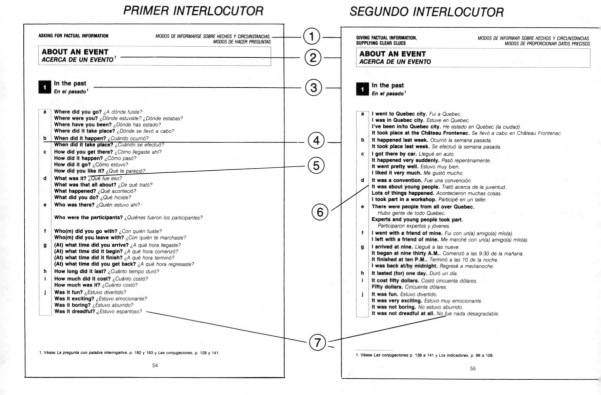

① Función de comunicación (título de la sección)

② Propósito

③ Parte específica del propósito

④ Columna de correspondencia entre las páginas contrapuestas

⑤ Preguntas del primer interlocutor

⑥ Respuestas del segundo interlocutor

⑦ Equivalentes en español (como refuerzo del aprendizaje)

SEGUNDA PARTE
«Un vistazo a la gramática»

QUESTIONS USING AN INTERROGATIVE WORD
LA PREGUNTA CON PALABRA INTERROGATIVA

La palabra interrogativa que introduce la pregunta puede ser un pronombre (who, whom, what, which, whose), un adjetivo (what, which, whose) o un adverbio (where, when, how, why, etcétera).

INFORMACIÓN SOLICITADA	QUESTION WORDS	PALABRA INTERROGATIVA
a *La identidad de una persona:*	WHO. . .? WHOM. . .?	¿Quién. . .?
b *La naturaleza de una cosa:*	WHAT. . .?	¿Qué. . .? ¿Cuál. . .? ¿Cuáles?
c *La elección entre varios:*	WHICH. . .?	¿Cuál? ¿Cuáles. . .?
d *La pertenencia:*	WHOSE. . .?	¿De quién. . .? ¿A quién?
e *El lugar:*	WHERE. . .?	¿Dónde. . .?
f *El tiempo, el momento:*	WHEN. . .?	¿Cuándo?
g *La manera, el estado, el grado:*	HOW. . .?	¿Cómo. . .?
h *La razón, la causa:*	WHY. . .?	¿Por qué?
i *El fin, la utilidad:*	WHAT FOR. . .?	¿Para qué. . .?
j *La cantidad, el monto, el precio:*	HOW MUCH. . .?	¿Cuánto. . .?
k *El número:*	HOW MANY. . .?	¿Cuántos. . .? ¿Cuántas. . .?
l *La duración:*	HOW LONG. . .?	¿Durante cuánto tiempo. . .?
m *La frecuencia:*	HOW OFTEN. . .?	¿Cuántas veces. . .?
n *La distancia:*	HOW FAR. . .?	¿A qué distancia. . .?
o *Las medidas:*	HOW LONG. . .? HOW WIDE. . .? HOW HIGH. . .?	¿Qué longitud. . .? ¿Qué anchura. . .? ¿Qué altura. . .?
p *La edad:*	HOW OLD. . .?	¿Qué edad? ¿Cuántos años. . .?

182

QUESTIONS USING AN INTERROGATIVE WORD
LA PREGUNTA CON PALABRA INTERROGATIVA

La pregunta con palabra interrogativa sirve para informarse acerca de hechos, acontecimientos y de las circunstancias que los rodean.

FORMA DE EMPLEO

a **Who** *sujeto:* **Who** are you? **Who**'s this girl? **Who** just phoned?
   Who *complemento, sobre todo en la conversación, cuando no lo preceda una preposición:* **Who** (m) did you call? **Who** (m) were you talking with?
   Whom *complemento:* With **whom** did you leave?

b **What** *empleado aisladamente:* **What**'s this? **What** are you talking about?
   What *antes de un sustantivo:* **What** time is it? **What** news have you?

c **Which** (of) *empleado aisladamente:* **Which** of these singers is your favorite?
   Which *antes de un sustantivo o de un pronombre:* **Which** pants are you going to wear?

d **Whose** *antes de un sustantivo:* **Whose** gloves are these? **Whose** daughter is she?

e **Where** do you live? **Where** is he going? **Where** is the post office?

f **When** did you arrive? **When** is she leaving? **When** will we meet again?

g *La manera:* **How** did you get here? *El estado:* **How** are you? *El grado:* **How** did you like it?

h **Why** are you late? **Why** do you look so upset? **Why** are you crying?

i *El fin:* **What** are you saving **for**? *La utilidad:* **What**'s that **for**?

j *Antes de los incuantificables:* **How much** (money) do you need? **How much** sugar did you buy?

k *Antes de los cuantificables:* **How many** dollars will it cost? **How many** (people) are you at home?

l **How long** have you been in hospital? **How long** will you be in New York?

m **How often** do you meet? **How often** do you go to the movies?

n **How far** is it to the next gas station? **How far** is Ottawa from Montreal?

o **How long** is this ribbon? **How wide** is your pool? **How high** is this building?

p **How old** are you? **How old** is this house?

183

---

① Partes constitutivas

② Elementos constitutivos de la gramática

③ Cuadro de síntesis de nociones

PART ONE: *EFFECTIVE COMMUNICATION*
PRIMERA PARTE: *Hacia una comunicación efectiva y correcta*

SECTION ONE

ASKING FOR INFORMATION IN GENERAL
GIVING INFORMATION IN GENERAL

PRIMERA SECCIÓN

MODOS DE SOLICITAR INFORMACIÓN EN GENERAL
FORMAS DE RESPONDER A UNA SOLICITUD DE INFORMACIÓN EN GENERAL

BEGINNING AN ORAL OR WRITTEN COMMUNICATION
FORMAS DE EMPEZAR UN MENSAJE ORAL O ESCRITO

A continuación se presenta un resumen de las expresiones que se utilizan con mayor frecuencia para iniciar un mensaje.

Beginning a conversation
Al inicio de la conversación

Hi (there)! *¡Qué tal!*
Hello! *¡Hola!*
Good morning! *¡Buenos días! (por la mañana)*
Good afternoon! *¡Buenas tardes! (por la tarde)*
Good evening! *¡Buenas noches!*
How are you? *¿Cómo le (te) va?*
How's it going? *¿Qué tal?*
How do you do? *¡Mucho gusto! ¡Encantado (a) de conocerle (te)!*
What's new? *¿Qué hay de nuevo?*

«How do you do?» *contrariamente a lo que parece, no se utiliza como pregunta, sino como una fórmula de cortesía que dos personas pueden intercambiar entre ellas sin esperar respuesta alguna.*

Beginning a letter
Al inicio de una comunicación escrita

a | **Informal**
Dirigida a una persona a quien se trata de manera familiar (carta, memorándum, tarjeta postal, etcétera):

Se pueden utilizar las fórmulas típicas de la conversación o **Dear** *(Querido, Querida, Estimado, Estimada) antes de palabras como* **Mom** *(mamá),* **Daddy** *(papá),* **Friend** *(amigo, amiga),* **Diane**, *etcétera.*

b | **Formal**
Oficial (negocios, solicitud de empleo, solicitud de información, etcétera):

Dear Sir(s), *Estimado señor, Estimados señores,*
Dear Madam, *Estimada señora,*
Dear Mr. Smith, *Estimado Sr. Smith,*
Dear Mrs. Jones, *Estimada Sra. Jones,*
To Whom it May Concern, *A quien corresponda.*

ENDING AN ORAL OR WRITTEN COMMUNICATION
FORMAS DE TERMINAR UN MENSAJE ORAL O ESCRITO

A continuación se presenta un resumen de las expresiones que se utilizan con mayor frecuencia para finalizar un mensaje.

 Ending a conversation
Al final de una conversación

Goodbye! *¡Adiós!*
Goodbye and all the best! *¡Adiós y buena suerte!*
(**I'll**) **See you!** *¡Hasta pronto! ¡Nos veremos!*
(**I'll**) **See you later!** *¡Te veré después!*
(**I'll**) **See you soon!** *¡Te veré pronto!*
(**I'll**) **See you tomorrow!** *¡Te veré mañana!*
(**I'll**) **See you again sometime!** *¡Te veré de nuevo en otra ocasión!*
(**I'll**) **Be seeing you!** *¡Hasta la vista!*
Bye! *¡Adiós!*
So long! *¡Hasta luego!*

2 **Ending a letter**
Al final de una comunicación escrita

a **Informal**
Dirigida a una persona a quien se trata de manera familiar (carta, memorándum, tarjeta postal, etcétera):

Se pueden utilizar las fórmulas típicas de la conversación **Lots of love** *(Con mucho cariño),* **With Love (from). . .** *(Cariñosamente. . .),* **Best wishes** *(Mis mejores deseos).*

b **Formal**
Oficial (negocios, solicitud de empleo, solicitud de información, etcétera):

Yours truly, *Atentamente.*

Yours sincerely, | *Sinceramente, atentamente.*
Sincerely,

ASKING QUESTIONS
MODOS DE SOLICITAR INFORMACIÓN

Hay muchas formas de solicitar información. Se puede ser más o menos directo, cortés o discreto según las necesidades y las circunstancias. Las siguientes fórmulas y frases clave son comunes.

1 ## In statement form
En forma de enunciado

El enunciado puede ser una frase simple (un verbo conjugado) o una frase compuesta (dos verbos conjugados, una proposición principal: **I'd like to know** *y una subordinada:* **who she is**[1]*) que termine con un punto.*[2]

I'd* like to know	her name. *(simple)*	*Me gustaría saber*	*cómo se llama ella.* *su nombre.*
	who she is. *(compuesta)*		*quién es ella.*

I'd* like to ask (you). . . *Me gustaría preguntarte (le). . .*

La partícula* **'d**, *cuando se utiliza en la conversación es una contracción de* **would**[3] *para expresar el* **condicional***; aquí la hemos utilizado como fórmula de cortesía o para indicar duda.*

---

1. Véase *Las proposiciones relativas*, p. 188 y 189.
2. Véase el cuadro *El enunciado*, p. 179.
3. Véase el cuadro *Los auxiliares*, p. 150.

ANSWERING QUESTIONS
FORMAS DE RESPONDER A UNA SOLICITUD DE INFORMACIÓN

Se puede responder de diversas maneras a una solicitud de información: positiva (cuando uno sabe), negativa (cuando uno no sabe) o intermedia (cuando uno piensa, cree, está más o menos seguro). Se pueden utilizar las siguientes fórmulas y frases clave.

 ### Answering questions in statement form
Respuestas al enunciado[1]

La respuesta a un enunciado no comienza con **yes** *o* **no**, *porque no se hizo una pregunta en la solicitud. Por lo general, se vuelve a tomar la segunda parte de la solicitud original para comenzar la respuesta afirmativa:* **her name*, she is** *o* **she's.**

> **Her name is Sandra.** *Se llama Sandra.*
> **She's the girl who lives next door.** *Es la muchacha (vecina) que vive al lado.*

En las respuestas negativas, también es común volver a tomar la segunda parte de la solicitud original: **. . .her name*, . . .who she is[2].**

I don't know	Her name. who she is.	No sé	su nombre. quién es ella.
I'm pretty sure		*Estoy casi seguro(a) de que*	
I believe	it's* Sandra.	*Creo que*	*es Sandra*
I think	she's a student.	*Pienso que*	*es ella (es una)*
I'm not sure;		*No estoy seguro(a)*	*estudiante. . .*
I think		*de que*	
As far as I know		*Hasta donde sé,*	

Es posible reemplazar un sustantivo (*her name***) por un pronombre (***it[3]***).*

---

1. Véase la forma declarativa del ''simple present'', p. 123 y 125.
2. Véase ''Las proposiciones relativas'', p. 188 y 189.
3. Véase el cuadro ''Los pronombres personales'', p. 94.

ASKING QUESTIONS
MODOS DE SOLICITAR INFORMACIÓN

2 ## The interrogative form
La forma interrogativa

*Una pregunta hecha por medio de fórmula consiste en una pregunta simple (un verbo conjugado en la forma interrogativa)[1] o en una pregunta compuesta (una proposición **principal**: Do you know[1], **interrogativa**, y una **subordinada**[2]: where he lives, **enunciativa**). Nótese el orden de las palabras de la segunda parte: where he lives; **no es una forma interrogativa**. La pregunta hecha por fórmula termina con un signo de interrogación: **?**

a	**Do you know**	his address? *(simple)*	¿Sabes	su domicilio?
	Do you happen to know	where he lives? *(compuesta)*	¿Sabes, por casualidad,	dónde vive?
b	**Could[3] you tell me. . .?** *¿Podrías decirme. . .?*			
c	**Would[4] you mind telling me. . .?** *¿Te importaría decirme. . .?*			
d	**Are you aware**	of. . .? that. . .?	¿Estás enterado(a)	de. . .? de que. . .?
e	**Have you been**	informed told warned	of, about, that. . .?	¿Has sido / ¿Te han informado(a) notificado advertido prevenido de. . .? de que. . .?

*Nota: Cuando se designa a una sola persona en las fórmulas de cortesía, el pronombre **you** se utiliza para referirse a la segunda persona del singular, **tú**; también se emplea para referirse a **usted**. Igualmente, **you** se emplea para la segunda persona del plural: **usted**.*

---

1. Véase la forma interrogativa del "simple present", p. 122
2. Véase *Las proposiciones relativas*, p. 188 y 189.
3. Véase el cuadro *Los auxiliares*, p. 153.
4. Véase el cuadro *Los auxiliares*, p. 150.

ANSWERING QUESTIONS
FORMAS DE RESPONDER A UNA SOLICITUD DE INFORMACIÓN

---

2 **Answering questions in the interrogative form**
Modos de responder a una pregunta hecha en forma interrogativa

Obsérvese que la respuesta a una pregunta hecha por fórmula puede comenzar con **yes, no, sure, not at all**, *etcétera. La primera parte responde por lo regular a la primera parte de la pregunta (***Do you know. . .? Yes, I know.** *o* **No, I don't**[1]*). Después, se proporciona o no la información correspondiente. Se encontrarán otras fórmulas de respuesta en "La respuesta al enunciado", p. 5.*

a	**Yes, I know. He lives** on Main Street. *Sí, lo sé. Vive en Main Street.*
	Yes, I do. It's. . . *Sí, lo sé. Es. . .*
	I don't know. Sorry. *No sé. Lo siento.*
	No, I don't. *No, no lo sé.*
	Sorry, I don't. *Lo siento; no lo sé.*
	I have no idea. Sorry. *No tengo la menor idea, lo siento.*
	I'm not sure; I think he lives downtown. *No estoy seguro(a); creo que vive en el centro de la ciudad.*
b	**Yes, I could. It's. . .** *Sí podría. Es. . .*
	No, I'm afraid I couldn't. *No, no podría (decirle).*
c	**Yes, I would.** *Sí, sí me importaría.*
	No, I wouldn't. It's. . . *No, no me importaría. Es. . .*
	Not at all. It's. . . *Claro que no. Es. . .*
	VARIANTES:
	Sure. It's. . . *Claro. Es. . .*
	Yes. I'm positive (that). . . *Sí. Estoy seguro(a) (de que. . .)*
	Yes. I think (that). . . *Sí, pienso (que. . .)*
	Don't ask me! *¡No me pregunten!*
d	**Yes. I am.** *Sí lo estoy.*
	No, I'm not. *No, no lo estoy.*
e	**Yes, I have.** *Sí, lo he estado (he sido).*
	No, I haven't. *No, no lo he estado (he sido).*

---

1. Véase el cuadro *La respuesta breve*, p. 185, la forma declarativa del "simple present", p. 123 y el cuadro *Las contracciones* p. 155 y 156.

ASKING QUESTIONS
MODOS DE SOLICITAR INFORMACIÓN

3 | ## Questions in inverted form
La pregunta por inversión[1]

La pregunta hecha por inversión es simple y directa. Cuando es posible, se busca una respuesta tan sencilla como **yes** *o* **no**. *Se forma invirtiendo el sujeto y el auxiliar[1]* **(Does he. . .? Have they. . .? Could they. . .?)** *o el sujeto y el verbo* **to be** *sin auxiliar* **(Is she. . .? Are you. . .?)**.
En el inglés se emplea con frecuencia la pregunta negativa, que se forma añadiendo **-n't** *(contracción de* **not***) al auxiliar o al verbo* **to be**.

a	**Is she** a friend of yours? *¿Es ella tu amiga?* **Isn't she** a friend of yours? *¿No es ella tu amiga?*
b	**Does he live** in the neighborhood? *¿Vive él en el barrio?* **Doesn't he live** in the neighborhood? *¿No vive él en el barrio?*
c	**Have they been** here before? *¿Han estado ellos antes aquí?* **Haven't they been** here before? *¿No han estado ellos antes aquí?*
d	**Could they be** related? *¿Podrían ellos ser parientes?* **Couldn't they be** related? *¿No podrían ellos ser parientes?*

La pregunta por inversión termina con un signo de interrogación: **?**

4 | ## Using an interrogative word
La pregunta con palabra interrogativa[2]

*Esta forma de pregunta se emplea para solicitar un informe exacto[2]. En este caso, una palabra interrogativa (***who, whose, what, which, where, when, how, why,** *etcétera[2]) colocada al principio de una pregunta, va seguida de la forma interrogativa (invertida)[1] del verbo. Esta pregunta termina con un signo de interrogación:* **?**

a	**What's** her name? *¿Cómo se llama ella?*
b	**Who** is she? *¿Quién es ella?*
c	**Where** does he live? *¿Dónde vive él?*

---

1. Véase el cuadro *La pregunta por inversión*, p. 178 y la forma interrogativa del "simple present", p. 122 y 124.
2. Véase el cuadro *La pregunta con palabra interrogativa*, p. 182 y 183.

ANSWERING QUESTIONS
FORMAS DE RESPONDER A UNA SOLICITUD DE INFORMACIÓN

3 | **Answering questions in inverted form**
La respuesta a la pregunta por inversión

Por lo regular, se proporciona una respuesta breve con un **yes** *o un* **no** *seguido del pronombre del sujeto y del mismo verbo auxiliar (o* **to be***) de la pregunta; en la respuesta negativa, se utiliza la contracción;* **isn't** *para* **is not, doesn't** *para* **does not***, etcétera.*

a	**Yes, she is.** *Sí, ella es.* **No, she isn't.** *No, ella no es.*
b	**Yes, he does.** *Sí, vive en el barrio.* **No, he doesn't.** *No, no vive en el barrio.*
c	**Yes, they have.** *Sí, ya vinieron.* **No, they haven't.** *No, jamás han venido.*
d	**Yes, they could.** *Sí, podrían serlo.* **No, they couldn't.** *No, no podrían serlo.*

Cuando sea el caso, se puede utilizar solamente **yes** *o* **no***, o también otras palabras, como* **sure** *(seguramente),* **maybe** *(tal vez, quizá),* **perhaps** *(puede ser)* **probably** *(probablemente),* **obviously (not)** *(obviamente) (no). Estas palabras pueden ir en forma aislada o al principio de la respuesta. Igualmente, se puede utilizar* **I don't know** *(no sé),* **who knows?** *(¿quién sabe?).*

4 | **Answering questions using an interrogative word**
Respuesta a una pregunta con palabra interrogativa

Una pregunta que incluye una palabra interrogativa se responde proporcionando la información solicitada, ya sea en una frase (véanse ejemplos), o en una sola palabra **(Sandra, a student, downtown)**.

a	**Her name is/It's** Sandra. *Se llama Sandra. Es Sandra.*
b	**She's** a student. *Es una alumna.*
c	**He lives** downtown. *Vive en el centro de la ciudad.*

---

1. Véase el cuadro *La respuesta breve*, p. 185 y el cuadro *Las contracciones*, p. 155, 156 y 157.

ASKING QUESTIONS
MODOS DE SOLICITAR INFORMACIÓN

 Tag endings
La ''pregunta de confirmación''[1]

La ''pregunta de confirmación'' es de hecho una solicitud de tipo aseverativo respecto de información que se cree poseer. Se coloca al **final de la frase, después de una coma**. *Se forma con un* **auxiliar en forma interrogativa** *o con el verbo* **to be** *sin auxiliar. Si la frase es afirmativa, la ''pregunta de confirmación'' será* **negativa**, *y* **viceversa**. *El verbo auxiliar va seguido del* **pronombre personal del sujeto** *y del signo de interrogación:* **?**[1]. *Nótese que se utiliza la* **contracción en la forma negativa**[2]**: isn't** *para* **is not, doesn't** *para* **does not**, *etcétera.*

a	Her name is Sandra, **isn't it?** *Su nombre es Sandra, ¿no es así?**
b	She isn't very old, **is she?** *No es de edad muy avanzada, ¿o sí?**
c	He doesn't live around here, **does he?** *No vive a la vuelta de la esquina, ¿verdad?**
d	He lives downtown, **doesn't he?** *Vive en el centro de la ciudad, ¿no es verdad?**

* *''Sí'' ''No'' en la conversación familiar: Se llama Sandra, ¿sí? (o ¿no?).*

---

1. Véase el cuadro *La pregunta de confirmación*, p. 184.
2. Véase el cuadro *Las contracciones*, p. 155, 156 y 157.

ANSWERING QUESTIONS
FORMAS DE RESPONDER A UNA SOLICITUD DE INFORMACIÓN

 Short answers
La respuesta a la "pregunta de confirmación" (la respuesta breve)[1]

La respuesta breve (como respuesta a la "pregunta de confirmación") tiene escasos equivalentes en español. Es una fórmula típicamente inglesa que se emplea con frecuencia. Por lo general, comienza con **yes** *o* **no***, seguidos de una* **coma***, y del* **pronombre personal** *del* **sujeto** *(el mismo que en la pregunta) y de un* **auxiliar** *(el mismo que en la pregunta) o del verbo* **to be** *sin auxiliar y de un punto.[1] También es posible, con el empleo de pocas palabras, confirmar o negar la información de la pregunta del interlocutor. Obsérvese que en la respuesta breve se debe emplear la contracción del negativo, al contrario de lo que ocurre en la respuesta afirmativa,* **en la que no se emplea** *la contracción.*

a	**Yes, it is.** *Sí, así es.* **No, it isn't.** *No, no es así.*
b	**Yes, she is.** *Sí, ella es.* **No, she isn't.** *No, ella no es.*
c	**Yes, he does.** *Sí, . . .* **No, he doesn't.** *No, . . .*
d	**Yes, he does.** *Sí, . . .* **No, he doesn't.** *No, . . .*

---

1. Véase el cuadro *La respuesta breve*, p. 185 y 186 y el cuadro *Las contracciones*, p. 155, 156 y 157.

ASKING QUESTIONS
MODOS DE SOLICITAR INFORMACIÓN

6 **Asking to repeat or to explain**
Formas de solicitar una repetición o explicación

Could[1] you Would[2] you	repeat that, please? please tell me. . .? explain that once more, please?	¿Puede(s) ¿Podría(s) ¿Quisiera(s)	repetir eso por favor? decirme por favor. . .? explicarme eso una vez más, por favor?
Would[2] you mind	repeating that? explaining that further? telling me. . .?	¿Le(te) importaría	repetir eso? explicarme eso? proporcionarme explicaciones? decirme?

What[3] did you say?
What[3] do you mean?
What[3] was that?
Sorry?
Pardon me?
I beg your pardon?

¿Qué dijo usted?
¿Qué quiere usted decir?
¿Qué fue eso?
¿Disculpe?
¿Perdón?
¿Perdone usted?

Sorry, I missed	that. part of what you said.	Lo siento	no escuché eso. no escuché parte de su comentario.

I don't understand.
I didn't quite hear what you said.

No entiendo.
No escuché bien lo que dijo usted.

I feel I need more	explanation. details.	Creo que necesito más	explicaciones. detalles.

---

1. Véase el cuadro *Los auxiliares*, p. 153.
2. Véase el cuadro *Los auxiliares*, p. 150.
3. Véase el cuadro *La pregunta con palabra interrogativa*, p. 182 y 183.

ANSWERING QUESTIONS
FORMAS DE RESPONDER A UNA SOLICITUD DE INFORMACIÓN

6   ## Repeating or giving an explanation
Formas de repetir o de dar una explicación

What[1]	I'm saying is (that)[2]. . .	*Lo que*	*digo, es (que). . .*
	I mean is (that)[2]. . .		*quiero decir, es (que). . .*
	I just said is (that)[2]. . .		*acabo de decir, es (que). . .*

I mean. . .	*Quiero decir. . .*
I said (that)[2]. . .	*Dije (que). . .*

Let's[3]	start again.	*Comencemos de nuevo.*
	go over it again.	*Veámoslo de nuevo.*
	try to make it clearer.	*Hagámoslo más claro.*
	go back to. . .	*Regresemos a. . .*
	look at it this way. . .	*Veámoslo de esta manera. . .*
	try something else.	*Intentemos otra cosa.*

---

1. Véase el cuadro *Las proposiciones nominales*, p. 188.
2. Véase *Las proposiciones relativas*, p. 189.
3. Véase el cuadro *El imperativo*, p. 159.

ASKING QUESTIONS
MODOS DE SOLICITAR INFORMACIÓN

7 **Asking if someone understands**
Formas de preguntar si el receptor ha entendido el mensaje

a	Do you know	what I mean[2]? what it's all about[2]?	¿Sabe(s)	lo que quiero decir? de qué se trata?
b	Do you understand	what I mean? what it's all about? it all? the basic points?	¿Comprende(s)	lo que quiero decir? de lo que se trata? todo? lo esencial?

VARIANTES:
(Do you) **See what I mean[2]?**   *¿Ve usted (o ves) lo que quiero decir?*

---

1. Véase la forma interrogativa del ''simple present'', p. 122.
2. Véase el cuadro *Las proposiciones nominales*, p. 188.

ANSWERING QUESTIONS
FORMAS DE RESPONDER A UNA SOLICITUD DE INFORMACIÓN

7   **Saying whether you understand**
Formas de decir si se ha entendido o no el mensaje[1]

a | I know. | *Lo sé.*
| I don't know. | *No lo sé.*

b | I understand. | *Lo entiendo.*
| I don't understand. | *No lo entiendo.*

VARIANTES:
I think so.   *Creo que sí.*
I have no idea.   *No tengo la menor idea.*

---

1. Véase la forma declarativa del "simple present", p. 123.

ASKING QUESTIONS
MODOS DE SOLICITAR INFORMACIÓN

---

8 **Asking how sure someone is**
Formas de preguntar hasta qué punto se está seguro[1]

a Are you sure? *¿Está(s) seguro(a)?*
Are you sure of that? *¿Está(s) seguro(a) de eso?*
Are you sure (that)[2] it's settled? *¿Está(s) seguro(a) de que es definitivo?*

b Are you certain? *¿Tiene(s) la certeza?*
Are you certain of that? *¿Tiene(s) la certeza de eso?*
Are you certain (that)[2] it's O.K.? *¿Tiene(s) la certeza de que eso está bien?*

c Do you think (that)[2] it's over? *¿Cree(s) que eso terminó?*

d *VARIANTES:*

Are you positive (that)		*¿Está(s) bien seguro(a) de que*	
Do you maintain that		*¿Sostiene(s) que*	
		¿Mantiene(s) que	
Are you assuming that	everything is	*¿Supone(s) que*	*todo marcha*
	under control?	*¿Presume(s) que*	*bien?*
Do you believe that			
		¿Cree(s) que	
Do you have the		*¿Tiene(s) la impresión de que*	
feeling that		*¿Comparte(s) la idea de que*	
Does it look as if		*¿Le(te) da la impresión de que*	

9 **Asking if something is right or wrong**
Formas de preguntar si algo es correcto o no

Is that right? *¿Es eso cierto, correcto, exacto? ¿Está bien?*

Is it wrong? *¿Es eso incorrecto, inexacto? ¿Está mal?*

---

1. Véase la forma interrogativa del simple present, p. 122 y 124.
2. Véase Las *proposiciones relativas*, p. 189.

ANSWERING QUESTIONS
FORMAS DE RESPONDER A UNA SOLICITUD DE INFORMACIÓN

---

8 **Expressing how sure you are**
Formas de decir hasta qué punto se está seguro

a	I am sure. *Estoy seguro(a).*
	I am sure of it. *Estoy seguro(a) de eso.*
	I am sure (that)[1] it's been settled. *Estoy seguro(a) de que es definitivo.*
	I'm not sure (that)[1] it's settled. *No estoy seguro(a) de que sea definitivo.*
b	I am certain. *Tengo la certeza.*
	I am certain of it. *Tengo la certeza de eso.*
	I am certain (that)[1] it's all right. *Tengo la certeza de que eso está bien.*
	I'm not certain (that)[1] it's all right. *No estoy seguro(a) de que eso esté bien.*
c	I think (that)[1] it's over. *Creo, pienso, que eso terminó.*
	I don't think (that)[1] it's over. *No creo que eso haya terminado.*
d	***VARIANTES:***

I'm quite positive (that)[1]		*Estoy bien seguro(a) de que*	
I maintain that		*Sostengo que* *Mantengo que*	
I assume that	everything is under control.	*Supongo que* *Presumo que*	*todo va bien.*
I believe that		*Creo que*	
I suspect that		*Tengo la impresión de que* *Comparto la idea de que*	
It looks as if		*Me da la impresión de que*	

---

9 **Confirming the information**
Forma de decir si algo es correcto o no

That's right. *Es cierto. Es correcto. Es exacto.*

That's not right. *Eso es incorrecto.*

That's wrong. *Eso es inexacto. Eso está mal. Es un error.*

---

1. Véase *Las proposiciones relativas*, p. 189.

SECTION TWO
ASKING FOR FACTUAL INFORMATION
AND GIVING FACTUAL INFORMATION

SEGUNDA SECCIÓN
MODOS DE INFORMARSE Y DE INFORMAR
SOBRE HECHOS Y CIRCUNSTANCIAS

ABOUT A PERSON
ACERCA DE UNA PERSONA[1]

1 **Identity**
La identidad

a	**Who**	are you?	¿Quién	es usted, eres tú?
		is he?		es él?
		is she?		es ella?
		is it?		es?
		are they?	¿Quiénes	son ellos, son ellas?
	Who's	this?	¿Quién	es?
		this boy, this girl?		es este muchacho, esta muchacha?
b	**Who**	asked for me?	¿Quién	me llamó?
		will be there?		estará ahí?
	Who (m)	did you speak to?	¿Con quién (quiénes) habló usted?	
		will you leave with?	¿Con quién (quiénes) partirá(n) usted(es)?	
c	**What's**	your | name?	¿Cómo	te llamas?
		his		se llama él?
		her		se llama ella?

---

1. Véase *Modos de solicitar información*, p. 4, 6 y 8 y el
   cuadro *La pregunta con palabra interrogativa*, p. 182 y 183.

ABOUT A PERSON
ACERCA DE UNA PERSONA[1]

1 Identity
La identidad

a | I'm **yor new neighbor, Gary Jones.** *Soy su nuevo vecino, Gary Jones.*
He's **my cousin.** *Es (Él es) mi primo.*
She's **a classmate.** *Es (Ella es) una compañera de clase.*
It's **the delivery man.** *Es el repartidor.*
They're **friends of mine.** *Son mis amigos.*

A newcomer. *Un recién llegado. Una recién llegada.*
This is **Bert.** *Él es Bert.* This is **my sister.** *Ella es mi hermana.*

b | **Lisa** did (Lisa asked for you). *Lisa te llamó, preguntó por ti, te buscó.*
Lots of people will (be there). *Una multitud estará ahí.*

I spoke to **Maurice.** *Hablé con Mauricio.*
We'll leave with **the Johnsons.** *Nos iremos con los Johnson.*

c | My name is **Joanne.** *Me llamo Joanne.*
His name is **Robert Grant.** *(Él) Se llama Robert Grant.*
(Her name is) **Cathy.** *(Ella) se llama Cathy.*

---

1. Véase *Formas de responder a una solicitud de información*, p. 5, 7, 9.

ABOUT A PERSON
ACERCA DE UNA PERSONA[1]

2 | **Description**
La descripción

a	**How old**	are you?			¿Cuántos años	tiene, tienes?
		is he?			¿Qué edad	tiene él?
		is she?				tiene ella?

b	**What does** she look like?			¿Qué aspecto tiene ella?

c	**What's**	he	**like?**		¿Cómo es	él?
		she				ella?

d	**Is**	he	**nice?**		¿Es	él	agradable?
		she	**tall?**			ella	alta?
			in good shape?		¿Está		en forma?

e	**What's**	she	**wearing?**		¿Qué lleva puesto	ella?
		he				él?

---

1. Véase *Modos de solicitar información*, p. 4, 6 y 8, y el cuadro *La pregunta con palabra interrogativa*, p. 182 y 183.

ABOUT A PERSON
ACERCA DE UNA PERSONA[1]

2 **Description**
La descripción

a	(I'm) **16 (years old).** *Tengo dieciséis años.* He's **40 (years of age).** *Él tiene cuarenta años.* She's **at least 20 years old.** *Ella tiene por lo menos veinte años.* She's **over 20.** *Ella tiene más dè veinte años.*
b	She's **athletic.** *Ella tiene apariencia deportiva.* She looks **great.** *Ella se ve muy bien.*
c	He's **nice and intelligent.** *Él es agradable e inteligente.* She's **very pretty.** *Ella es muy bonita.*
d	He's **not nice at all.** *Él no es nada agradable.* She's **not very tall.** *Ella no es muy alta.* **Yes**, he is (in good shape). *Sí, lo está (en forma).* **No**, she's not. *No, no lo está.*
e	She's wearing **a jogging suit.** *Ella lleva un traje deportivo.* He's wearing **a red and white sweater.** *Él lleva un suéter rojo y blanco.*

---

1. Véase *Formas de responder a una solicitud de información*, p. 5, 7 y 9.

ABOUT A PERSON
ACERCA DE UNA PERSONA[1]

3 | **Health**
La salud

| a | **How** | are you? | | ¿Cómo | está ud? estás? |
| | | is he, is she? | | | está él, ella? |

| b | **How** | are you | **doing?** | ¿Cómo | le, te va? |
| | | is he, is she | | | le va a él, a ella? |

4 | **Occupation**
La ocupación

a	**What**	are you	**doing?**	¿Qué	está usted	haciendo?
					estás	
		is he, is she?			está	haciendo él, ella?

b	**What**	do you	do?	¿Qué	hace usted?
					haces?
		does he			**hace él?**
		does she			**hace ella?**

c	**What**	do you	**do for**	¿Qué	hace usted	para ganarse
			a living?		haces	(te) la vida?
		does he			hace él	
		does she			hace ella	

| d | **What's** | your | **occupation?** | ¿Cuál es | su, tu | ocupación? |
| | | his/her | | | su | |

| e | **What's** | your | **hobby?** | ¿Cuál es | su, tu | pasatiempo? |
| | | his/her | | | su | |

---

1. Véase *Modos de solicitar información*, p. 4, 6 y 8, y el cuadro
   La pregunta con palabra interrogativa, p. 182 y 183.

ABOUT A PERSON
ACERCA DE UNA PERSONA[1]

3 **Health**
La salud

a | I'm **fine.** I'm **well.** *Estoy bien, me ha ido bien.*
(He's) **not too bad.** *A él no le va mal.* She's **O.K.** *Ella está bien. Le va bien.*

b | I'm doing **very well.** *Me va muy bien.*
He's doing **better** now. *Le va mejor ahora (a él).*
She's **not** doing **well at all.** *A ella le va mal.*

4 **Occupation**
La ocupación

a | I'm **reading a book.** *Estoy leyendo un libro.*
He's **watching TV.** *Él está viendo la televisión.* She's **writing.** *Ella está escribiendo.*

b | I'm **studying data processing.** *Estoy estudiando las técnicas de la informática.*

c | He is in **business.** *Él tiene su propio negocio.*

d | She's an **editor.** *Ella es editora.*

e | Besides studying, **I'm an amateur photographer.** *Además de estudiar, soy aficionado a la fotografía.*

He's a **music lover.** *Él es un amante de la música.*
She spends all her spare time **painting.** *Ella dedica todo su tiempo libre a pintar.*

---

1. Véase *Formas de responder a una solicitud de información*, p. 5, 7 y 9.

ABOUT A PERSON
ACERCA DE UNA PERSONA[1]

5 ### Address and residence
El lugar de residencia

a	**Where**	do you	**live?**		¿Dónde	vive usted?
						vives?
		does he, does she				vive él, ella?

b	**What's**	your	**address?**		¿Cuál es	su, tu	domicilio?
		his, her				su (de él,	
						de ella).	

6 ### Origins
El lugar de origen

Where	are you	**from?**		¿De dónde	eres?
					es usted?
	is he, is she				es él, es ella?

Where	do you	**come**		¿De dónde	vienes, viene usted?
	does he, does she	**from?**			viene él, ella?

---

1. Véase *Modos de solicitar información*, p. 4, 6 y 8 y el
   cuadro *La pregunta con palabra interrogativa*, p. 182 y 183.

ABOUT A PERSON
ACERCA DE UNA PERSONA[1]

5 **Address and residence**
El lugar de residencia

a | I live *(Vivo)* **in Montreal** *(en Montreal)*, **downtown** *(en el centro)*.
We live *(Vivimos)* **in the neighborhood** *(en el barrio)*.
He lives *(Él vive)* **on Kennedy Street** *(en la calle Kennedy)*.

b | My address is *(Mi domicilio es)*. . .

6 **Origins**
El lugar de origen

I'm from **Washington.** *Soy de Washington.*
He was born in **Norway.** *(Él) nació en Noruega.*
She's a **Westerner.** *(Ella) es del oeste.*
We lived in the **U.S.A.** before moving here.
Vivíamos en Estados Unidos antes de mudarnos aquí.

---

1. Véase *Formas de responder a una solicitud de información*, p. 6, 7 y 9.

ABOUT SOMETHING
ACERCA DE UNA COSA[1]

---

1 **Identity**
La naturaleza

a	**What's**	this? that?	*¿Qué es*	esto? eso?
b	**What** is it?		*¿Qué es (ello)?*	

---

2 **Description**
La descripción

a	**What** is this gadget **like?** *¿Cómo es este artefacto? ¿A qué se parece este artefacto?*
b	**What shape** is it? *¿Qué forma tiene?*
c	**What size** is it? *¿Qué tamaño tiene?*
d	**What color** is it? *¿De qué color es?*

---

3 **Use**
La utilidad

What's	this that it	**for?**	*¿Para qué sirve*	esto? eso?

---

4 **Materials**
El material

What is it **made of?** *¿De qué está hecho?*

---

1. Véase *Modos de solicitar información,* p. 4, 6 y 8 y el
   cuadro *La pregunta con palabra interrogativa,* p. 182 y 183.

ABOUT SOMETHING
ACERCA DE UNA COSA[1]

1 Identity
La naturaleza

a This is *(Esto es)* **a jewel** *(una joya)*, **a tool** *(una herramienta)*, **a suit** *(un traje)*.
That's *(eso es)* **a game** *(un juego)*, **a diskette** *(un disquet)*.

b It's *(Es)* **a restaurant** *(un restaurant)*, **a new car** *(un auto nuevo)*.

2 Description
La descripción

a It's *(Es, Está)* **great** *(magnífico)*, **fun** *(divertido)*, **solid** *(sólido)*, **in fashion** *(a la moda)*.
b It's *(Es)* **round** *(redondo)*, **square** *(cuadrado)*.
c It's *(Es, Está)* **big** *(grande)*, **large** *(grande, amplio)*, **medium-sized** *(de tamaño mediano)*, **small** *(pequeño)*, **a 9** *(un nueve)*.
d It's *(Es)* **red** *(rojo)*, **dark blue** *(azul marino)*, **light yellow** *(amarillo claro)*.

3 Use
La utilidad

It's (used) to **hammer nails.** *Se utiliza para poner clavos.*
It's (useful) for **fixing things.** *Se utiliza para reparar cosas.*

4 Materials
El material

It's made of *(Está hecho de)* **plastic** *(plástico)*, **cardboard** *(cartón)*, **wool** *(lana)*, **gold** *(oro)*, **metal** *(metal)*, **wood** *(madera)*.

---

1. Véase *Formas de responder a una solicitud de información*, p. 5, 7 y 9.

ABOUT SOMETHING
ACERCA DE UNA COSA[1]

5 **Origins**
El origen

Where was it **made?** *¿Dónde fue hecho?*

Where does it **come from?** *¿De dónde viene?*

6 **Price**
El precio

How much is it? *¿Cuánto cuesta? ¿Cuánto es?*

7 **Location**
El lugar

Where is it? *¿Dónde está?*

Where can I **find** his phone number? *¿Dónde puedo encontrar su número telefónico?*

8 **Ownership**
La propiedad

Whose is it? *¿De quién es?*
　　　　　　　　　¿A quién pertenece?

---

1. Véase *Modos de solicitar información*, p. 4, 6 y 8 y el
　cuadro *La pregunta con palabra interrogativa*, p. 182 y 183.

ABOUT SOMETHING
ACERCA DE UNA COSA[1]

---

5 Origins
El origen

It was made in **Canada, Taiwan, Korea.**
Fue hecho en Canadá, Taiwan, Korea.
It comes from **China, Japan, the U.S.A.**
Proviene de China, de Japón, de Estados Unidos.

6 Price
El precio

| It costs | **10 dollars** *(diez dólares).* |
| *(Cuesta)* | **about 20 dollars** *(aproximadamente veinte dólares).* |

| It's | **expensive** *(caro).* |
| *(Es)* | **cheap** *(barato).* |

7 Location
El lugar

It's *(Está)*	**in your desk** *(en tu escritorio).*
	outdoors *(afuera).*
	here *(aquí).*

You can find it **in the directory** *(Puedes encontrarlo en el directorio).*

8 Ownership
La propiedad

It's *(Es)*	**mine** *(mío).*
	hers *(de ella).*
	Bob's *(de Bob).*

| It belongs to *(Pertenece a)* | **John** *(John).* |
| | **Mary** *(Mary).* |

---

1. Véase *Formas de responder a una solicitud de información*, p. 5, 7 y 9.

ABOUT THE PLACE
ACERCA DE UN LUGAR[1]

1 Location
El sitio

Where	is it?		¿*Dónde*	está?
	is that?			se halla?
	are we?			estamos?
	do you live?			vive usted?
				vives?

2 Destination
El destino

a   **Where** are we going? ¿*A dónde vamos?*
b   **How far** will you get? ¿*Hasta dónde llegarás?*

c   **Where** do we arrive? ¿*A dónde llegaremos?*

A continuación se presentan ciertos indicadores de lugar o palabras clave, que se utilizan en forma aislada.

up ahead *(adelante)*
anywhere *(en cualquier lugar)*
around here *(cerca de aquí)*
behind *(atrás)*
close by *(cerca)*
down *(abajo)*
downstairs *(en el piso de abajo, abajo)*
far away *(lejos)*
here *(aquí)*
indoors *(adentro, en el interior)*

inside *(adentro, dentro)*
near here *(cerca de aquí)*
nowhere *(en ninguna parte)*
outdoors *(en el exterior, afuera)*
out (side) *(afuera, fuera)*
somewhere *(en alguna parte)*
somewhere else *(en alguna otra parte)*
there *(ahí)*
up *(arriba)*
upstairs *(arriba, en el piso de arriba)*

---

1. Véase *Modos de solicitar información*, p. 4, 6 y 8, y el
cuadro *La pregunta con palabra interrogativa*, p. 182 y 183.

ABOUT THE PLACE
ACERCA DE UN LUGAR[1]

1 ## Location
El sitio

Formas de emplear los indicadores de lugar **at, in** *y* **on** *después de* to be *(ser, estar).* to be found *(encontrarse),* to live *(vivir).*

It's *(Está)*	**at** home *(en la casa)* **at** work *(en el trabajo).*
That's *(Eso está)*	**at** an address *(en un domicilio).*
We're *(Estamos)*	**in** a country, **in** a town *(en un país, en una ciudad).*
We live *(Vivimos)*	**on** a street *(en una calle).*

2 ## Destination
El destino

El indicador de lugar **to** *se utiliza después de* to go *(ir),* to get *(llegar):*

a We're going *(Vamos)* **to** a country, **to** a town *(a un país, a una ciudad).*
b I'll get **to** Calgary tonight. *Llegaré a Calgary esta noche.*
El indicador de lugar **at** *se utiliza después de* to arrive *(llegar):*
c We'll soon arrive *(Pronto llegaremos)*
at a station, **at** an airport *(a una estación, a un aeropuerto).*

Indicadores de lugar o palabras clave que se utilizan antes de otras palabras:

ahead of us *(adelante de nosotros, delante de nosotros)*
along the river *(a lo largo del río)*
around the block *(alrededor de la manzana, a la vuelta)*
behind the house *(atrás de la casa, detrás de la casa)*
beside you *(a tu lado)*
between them *(entre ellos)*
beyond the bridge *(al otro lado del puente)*
by the church *(cerca de la iglesia)*
close to the farm *(cerca de la granja)*
down the hill *(para abajo, hacia abajo)*

in front of the office *(enfrente de la oficina)*
in the room *(en la pieza, en el cuarto, en el salón)*
inside the house *(dentro de la casa)*
near here *(cerca de aquí)*
next to the school *(a un lado de la escuela)*
on the table *(sobre la mesa)*
out of town *(fuera de la ciudad)*
outside the house *(fuera de la casa)*
under the bed *(debajo de la cama)*
up the street *(calle arriba)*

---

1. Véase *Formas de responder a una solicitud de información,* p. 5, 7 y 9

ABOUT TIME
ACERCA DEL TIEMPO¹

1 | **The day, the time**
El momento, la época

a | *en el presente (en general, habitualmente)*

| **When** | is ('s) your birthday?
does the schoolyear finish?
do they usually meet? | ¿Cuándo | es su(tu) cumpleaños?
termina el año escolar?
se encuentran habitualmente? |

b | *en el pasado*

| **When** | was it?
did it happen?
did you arrive? | ¿Cuándo | fue?
ocurrió?
llegaste? |

c | *en el futuro*

| **When** | will they be here?
is ('s) the party?
does the bus arrive?
are we leaving? | ¿Cuándo | estarán aquí?
es la fiesta?
llegará el autobús?
nos vamos? |

| | can you start?
do you expect
this to happen? | | puede(s) comenzar?
cree(s) que suceda este
acontecimiento? |

| | do you plan to quit?
is he supposed to call?
do you expect her? | | planea(s) renunciar?
se supone que él llamará?
la espera(s)? |

---

1. Véase *Modos de solicitar información*, p. 4, 6 y 8, y el
cuadro *La pregunta con palabra interrogativa*, p. 182 y 183

ABOUT TIME
ACERCA DEL TIEMPO[1]

1 ## The day, the time
El momento, la época

a | *En el presente (en general, habitualmente):*

It's *(Es)*. . .
It finishes *(Termina)*. . .
They usually meet *(Por lo general se reúnen)*. . .

b | *en el pasado:*

It was *(Fue)*. . .
It happened *(Ocurrió)*. . .
We arrived *(Llegamos)*. . .

c | *en el futuro:*

They will be here *(Estarán aquí)*. . .
The party is. . . *(La fiesta es)*. . .
The bus arrives *(El autobús llega)*. . .
We're leaving *(Nos vamos)*. . .

I can start *(Puedo comenzar)*. . .
It should be *(Debería ser)*. . .

I plan to quit *(Planeo renunciar)*. . .
He's supposed to call *(Se supone que llamará)*. . .
I expect her *(La espero)*. . .

---

1. Véase *Formas de responder a una solicitud de información*, p. 5, 7 y 9
   y *Las proposiciones adverbiales*, p. 190.

ABOUT TIME
ACERCA DEL TIEMPO

Los indicadores del tiempo o palabras clave:

today *(hoy)*
yesterday *(ayer)*
tomorrow *(mañana)*
this morning *(esta mañana)*
this afternoon *(esta tarde)*[a]
this evening *(al anochecer)*[b]

tonight *(esta noche)*
last night *(anoche, ayer en la noche)*

the day before yesterday *(anteayer, antier)*
the day after tomorrow *(pasado mañana)*

last year *(el año pasado)*
last month *(el mes pasado)*
last week *(la semana pasada)*

this year *(este año)*
this month *(este mes)*
this week *(esta semana)*

next year *(el próximo año)*
next month *(el próximo mes)*
next week *(la próxima semana)*

in *(en)* | **January** *(enero)*
February *(febrero)*
March *(marzo)*
April *(abril)*
May *(mayo)*
June *(junio)*
July *(julio)*
August *(agosto)*
September *(septiembre)*
October *(octubre)*
November *(noviembre)*
December *(diciembre)*

on *(el)* | **Sunday** *(domingo)*
Monday *(lunes)*
Tuesday *(martes)*
Wednesday *(miércoles)*
Thursday *(jueves)*
Friday *(viernes)*
Saturday *(sábado)*

Otros indicadores de tiempo o palabras clave que se emplean de modo individual:

afterwards *(despues)*
anytime *(cuando sea, en cualquier momento)*
early *(temprano)*
from now on *(a partir de ahora)*
late *(tarde, atrasado)*
long ago *(hace mucho tiempo)*

meanwhile *(mientras, mientras tanto)*
never *(nunca)*
now *(ahora)*
on time *(a tiempo)*
soon *(pronto)*
up to now *(hasta ahora)*

---

a Temprano, después del mediodía (nota del revisor técnico).
b Tarde, en la noche (nota del revisor técnico).

ABOUT TIME
ACERCA DEL TIEMPO

Palabras clave que se utilizan antes de otras palabras:

after	midnight *(después de medianoche)*	**in**	August *(en agosto)*
around	1980 *(alrededor de 1980)*		2001 *(en el 2001)*
at	Christmas *(en Navidad)*		spring *(en la primavera)*
	6 o'clock *(a las 6)*		two hours *(en dos horas)*
			three weeks *(en tres semanas)*
before	the winter *(antes del invierno)*		an hour *(en una hora)*
	Sunday *(antes del domingo)*		two days *(en dos días)*
	9:15 *(antes de las 9:15)*		five months *(en cinco meses)*
between	June and September *(entre junio y septiembre)*	**on**	Tuesday *(el martes)*
			April 18 *(el 18 de abril)*
	midnight *(cerca de la medianoche)*		
by	the end of May *(casi a fines de mayo)*		
	next week *(por la próxima semana)*		

an hour			una hora
two days	**ago** *hace*	dos días
five months			cinco meses

during	the summer *(durante el verano, en el verano)*
within	four days *(dentro de cuatro días, en cuatro días)*
	five weeks *(dentro de cinco semanas, en cinco semanas)*

Palabras de enlace:
Las palabras de enlace sirven para relacionar dos acciones entre sí.

After I saw you, I left. *Después de verte me fui.*

The accident happened **as** we were stopping.
El accidente ocurrió mientras nos deteníamos.

We'll come back **as soon as** it stops raining.
Regresaremos tan pronto como deje de llover.

Clean up the place **before** leaving (you leave).
Limpia el lugar antes de irte.

Things will have been settled **by the time** she hears of it.
Para cuando ella lo sepa, todo se habrá arreglado.

I knew we'd become friends **the moment** I saw her.
Sabía que nos haríamos amigos desde el momento en que la vi.

I was reading **when** you phoned. *Estaba leyendo cuando llamaste.*

We'll feed your cat **while** you're away.
Alimentaremos a tu gato mientras estés fuera.

ABOUT TIME
ACERCA DEL TIEMPO[1]

2 ## The time
La hora

What time	is it?		¿Qué hora	es?
	was it?			era?

(At) what time	did you arrive?		¿A qué hora	llegó (usted), llegaste,
	will you be there?			llegaron (ustedes)?
				estará (usted), estarás,
				estarán (ustedes) ahí?

---

1. Véase *Modos de solicitar información*, p. 4, 6 y 8).

ABOUT TIME
ACERCA DEL TIEMPO[1]

2 | The time
La hora

Desde que aparecieron los relojes de pared y los de pulsera con pantalla digital, la hora se da cada vez con mayor frecuencia tanto las horas como los minutos. Por lo general, en inglés se utiliza del 1 al 12 para indicar la hora y la abreviatura **A.M.** *para precisar que es antes del mediodía, o* **P.M.** *para señalar que se trata después del mediodía.*
It's *(Es, son)*. . . I arrived at *(Llegué a la, las)*. . . I'll be there at *(Estaré ahí a la, las)*. . . It was *(Era la, Eran las)*. . .

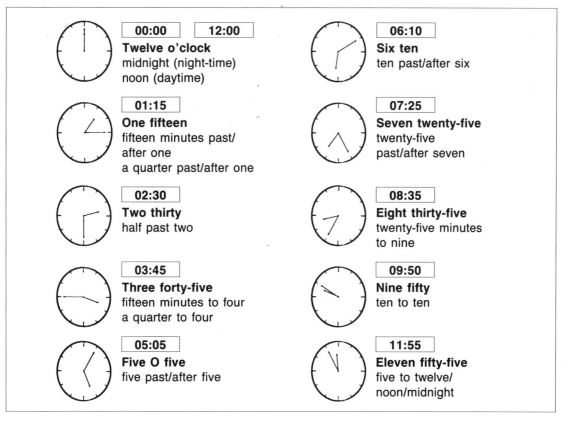

00:00 **12:00**	**06:10**
Twelve o'clock	**Six ten**
midnight (night-time)	ten past/after six
noon (daytime)	
01:15	**07:25**
One fifteen	**Seven twenty-five**
fifteen minutes past/	twenty-five
after one	past/after seven
a quarter past/after one	
02:30	**08:35**
Two thirty	**Eight thirty-five**
half past two	twenty-five minutes
	to nine
03:45	**09:50**
Three forty-five	**Nine fifty**
fifteen minutes to four	ten to ten
a quarter to four	
05:05	**11:55**
Five O five	**Eleven fifty-five**
five past/after five	five to twelve/
	noon/midnight

1. Véase el cuadro *Los números*, p. 97.

ABOUT TIME
ACERCA DEL TIEMPO[1]

3 | **The date**
La fecha

What is ('s) the **date?**	*¿En qué fecha estamos?*
What is('s) today's **date?**	*¿Cuál es la fecha de hoy?*
What was the **date?**	*¿Cuál fue, era, la fecha?*
On **what date** will it take place?	*¿En qué fecha se llevará a cabo?*

---

1. Véase *Modos de solicitar información*, p. 4, 6 y 8.

ABOUT TIME
ACERCA DEL TIEMPO[1]

3 **The date**
La fecha

It's *(Es)*. . .
It was *(Era)*. . .

Today is *(Hoy es)*. . .
It will take place on *(Tendrá lugar, se llevará a cabo el)*. . .

Comunicación escrita:
Monday, May 13, 199. . .

Comunicación oral:
Monday, May thirteenth, nineteen-ninety. . .
o Monday, the thirteenth of May, nineteen-ninety. . .

days of the week	
SUNDAY	(SUN.)
MONDAY	(MON.)
TUESDAY	(TUES.)
WEDNESDAY	(WED.)
THURSDAY	(THURS.)
FRIDAY	(FRI.)
SATURDAY	(SAT.)

months of the year		
JANUARY	(JAN.)	01
FEBRUARY	(FEB.)	02
MARCH	(MAR.)	03
APRIL	(APR.)	04
MAY	(MAY)	05
JUNE	(JUN.)	06
JULY	(JUL.)	07
AUGUST	(AUG.)	08
SEPTEMBER	(SEPT.)	09
OCTOBER	(OCT.)	10
NOVEMBER	(NOV.)	11
DECEMBER	(DEC.)	12

---

1. Véase el cuadro *Los números*, p. 97.

ABOUT TIME
ACERCA DEL TIEMPO[1]

4
Duration
La duración, el intervalo

a	**How long** was your last vacation? *¿Cuánto duraron tus últimas vacaciones?*
b	**How long** have you been here? *¿Durante cuánto tiempo has estado aquí?*
c	**How long** will you be absent/ gone/ away?
	¿Por cuánto tiempo estarás ausente/ fuera/ lejos?
d	**Since when** have you been here? *¿Desde cuándo estás aquí?*
e	**When** were you on vacation?
	¿Cuándo estuviste de vacaciones?
f	**When** will you be away?
	¿Cuándo te irás?
g	**Till when** will you be out of town?
	¿Hasta cuándo estarás fuera de la ciudad?

---

1. Véase también *Modos de solicitar información*, p. 4, 6 y 8, y el
   cuadro *La pregunta con palabra interrogativa*, p. 182 y 183.

ABOUT TIME
ACERCA DEL TIEMPO[1]

4 | **Duration**
La duración, el intervalo

For *se utiliza antes de mencionar una duración:*

a	It lasted **for** two months.	*Duró dos meses.*
b	I've been here **for** a year.	*He estado aquí durante un año.*
c	I'll be gone **for** three days.	*Me iré por tres días.*

Since *se utiliza antes de mencionar un momento pasado:*

d	I've been here **since**	last year. 1987. December 8

He estado aquí desde el año pasado.
1987.
el 8 de diciembre.

		From, starting *Para el principio*	**To, till, until** *Para el final*
e	I was on vacation *Estuve de vacaciones*	**from** July 15 *desde el 15 de julio*	**till (until)** August 15. *hasta el 15 de agosto*
f	I'll be away *Me ausentaré*	**starting** tomorrow *a partir de mañana*	**until (till)** I feel better. *hasta que me sienta mejor*
g	I'll be out of town *Estaré fuera de la ciudad*		**till (until)** next Friday. *hasta el próximo viernes*

---

1. Véase *Formas de responder a una solicitud de información*, p. 5, 7 y 9.

ABOUT TIME
ACERCA DEL TIEMPO[1]

5 **Frequency**
La frecuencia

a	**How often** do you give it your all? *¿Qué tan a menudo haces tu mayor esfuerzo?*
b	**How often** are you on time? *¿Qué tan seguido llegas a tiempo?*
c	**How often** could you have any spare time? *¿Con qué frecuencia tienes tiempo libre?*
d	**How often** do you go to the movies? *¿Qué tan a menudo vas al cine?*
e	**How often** did it happen? *¿Qué tan seguido ocurrió?*
f	**How often** should you see them? *¿Con qué frecuencia deberás verlos?*

Observación:

How often *tiene el sentido de "qué tan seguido", "con qué frecuencia". No debe confundirse con* **how many times** *(cuántas veces, qué número de veces).*

---

1. Véase *Modos de solicitar información*, p. 4, 6 y 8, y el
   cuadro *La pregunta con palabra interrogativa*, p. 182 y 183.

ABOUT TIME
ACERCA DEL TIEMPO[1]

5	**Frequency**
	La frecuencia

Las siguientes palabras clave pueden utilizarse en frases o en respuestas breves: **always** *(siempre),* **usually** *(usualmente, por lo general, por lo regular, habitualmente),* **often** *(seguido, a menudo),* **sometimes** *(a veces, algunas veces),* **seldom** *(rara vez, pocas veces),* **rarely** *(rara vez, es raro que),* **never** *(nunca).*

En las frases se anteponen, con una sola palabra, a los tiempos simples del verbo. En las respuestas breves, se anteponen al auxiliar utilizándose éste de manera individual.

a	I **always** give it my all. *Siempre hago mi mayor esfuerzo.*
	I **always** do. *Siempre lo hago.*
	Se colocan después de los tiempos simples de "**to be**" *(ser, estar), con una sola palabra:*
b	I am **seldom** on time. *Rara vez llego a tiempo.*
	Se coloca entre el auxiliar y el verbo:
c	I could **never** have any spare time.
	Bien podría nunca tener tiempo libre.
	Las palabras clave que se presentan a continuación se colocan al final de la frase:
	now and then, once in a while,
	on and off/off and on *(de vez en cuando, de cuando en cuando, a intervalos)*

twice *(dos veces)*
three times *(tres veces)* | **a week, a month** *(por semana, por mes)*

once *(una vez)* | **every two weeks** *(cada dos semanas).*
every three months *(cada tres meses).*

d	I go to the movies **once a week.** *Voy al cine una vez a la semana.*
e	It happened **off and on.** *Ocurrió de vez en cuando.*
f	I should see them **once every two months.**
	Debería verlos una vez cada dos meses.

---

1. Véase también *Formas de responder a una solicitud de información*, p. 5, 7 y 9
   y *Las proposiciones adverbiales*, p. 190.

ABOUT TIME
ACERCA DEL TIEMPO[1]

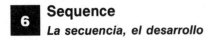

Sequence
La secuencia, el desarrollo

a **What** did you do next? *¿Qué hiciste después?*
Where did you go? *¿A dónde fuiste?*
How *did you go about it? ¿Cómo lo resolviste?*

b What are the instructions to start this TV game?
¿Cuáles son las instrucciones para comenzar este juego de televisión?
How does this work? *¿Cómo funciona?*
What are the directions? *¿Cuáles son las instrucciones?*
What do the instructions say? *¿Qué dicen las instrucciones?*

---

1. Véase también *Modos de solicitar información*, p. 4, 6 y 8, y el
cuadro *La pregunta con palabra interrogativa*, p. 182 y 183.

ABOUT TIME
ACERCA DEL TIEMPO[1]

6 ## Sequence
La secuencia, el desarrollo

Por lo general, las siguientes palabras clave se colocan al principio de la frase:

first(ly) *(primeramente, primero, en primer lugar, ante todo)*
second(ly)* *(en segundo lugar, en segundo término)*
third(ly)* *(en tercer lugar)*
then *(entonces, luego, después, en seguida)*
next *(después)*
finally *(finalmente, por último)*
at last *(para terminar, por fin, por último, finalmente)*
lastly *(al fin, al final)*
in the end *(al fin, final)*

a | **First,** I took some money out of the bank.
Primero retiré dinero del banco.
Then, I went to a department store. *Después fui a un almacén.*
Next, I tried on lots of clothes. *En seguida me probé una gran cantidad de prendas de vestir.*
In the end, I decided to buy these. *Finalmente decidí comprarme ésta.*

b | To start. *Para comenzar.*
First, turn your television on to channel 3.
Primero encienda su televisor en el canal 3.
Then, open the lid on the deck.
Luego abra la tapa de la videocasetera.
Next, insert a game pack. *A continuación, inserte un cartucho de juego.*
Then, press down on the game pack until to locks into place.
En seguida presione el cartucho hasta que se ajuste en su lugar.
Finally, close the lid and push the start button.
Por último, cierre la tapa y presione el botón de arranque.

* "Secondly" *y* "Thirdly" *se utilizan sobre todo en comunicaciones escritas.*

---

1. Véase *Formas de responder a una solicitud de información*, p. 5, 7 y 9.

ABOUT THE HOW OF THINGS
ACERCA DE LA MANERA DE. . .[1]

1   In which way
La manera

a	**How** did you do that? *¿Cómo hiciste eso?*
b	**How** did you manage that? *¿Cómo manejaste eso?*
c	**How** did you handle it? *¿Cómo te hiciste cargo de eso? ¿Cómo trataste eso?*
d	**How** did you get on? *¿Cómo lo solucionaste?*
e	**How** did you go about it? *¿Cómo procediste?*

2   By what, which means
El medio para. . .

a	**How** do you plan to travel? *¿Cómo planeas viajar?*
b	**How** were you awakened? *¿Cómo te despertaste?*
c	**How** did you succeed? *¿Cómo alcanzaste el éxito?*
d	**How** did you do such a dangerous work? *¿Cómo hiciste un trabajo tan peligroso?*
e	**How** will you reply? *¿Cómo contestarás?*

---

1. Véase *Modos de solicitar información*, p. 4, 6 y 8,
   y el cuadro *La pregunta con palabra interrogativa*, p. 182 y 183.

ABOUT THE HOW OF THINGS
ACERCA DE LA MANERA DE. . .[1]

---

1 **In which way**
La manera

a	I did it *(Lo hice)*	**carefully** *(cuidadosamente)*.
b	I did it *(Lo manejé)*	**cautiously** *(cautelosamente, con prudencia)*.
c	I handled it *(Lo traté)*	**perfectly** *(perfectamente)*.
d	I got on with it *(Lo solucioné)*	**quickly** *(rápidamente)*.
e	I went about it *(Procedí)*	**slowly** *(lentamente)*.

A menudo el adverbio de modo se forma añadiendo **ly** *al adjetivo calificativo:*

carefu**lly**, comple**tely**, *etc.*
Atención: a continuación se citan algunas excepciones:
gentle — gent**ly**, simple — simp**ly**; pretty — pretti**ly**, happy — happi**ly**; dull — du**lly**,
full — fu**lly**.

Algunas veces ciertos **adjetivos** *también se utilizan como* **adverbios:**

He went **deep** into the forest. *Se adentró en lo profundo del bosque.*
I can work **hard**. *Puedo trabajar duro.*
We were here **long** before you. *Estuvimos aquí mucho antes que ustedes.*

2 **By what, which means**
El medio para. . .

El transporte:

a	I plan to travel **by** plane, ship, car, train, bus.
	Planeo viajar en avión, en barco, en automóvil, en tren, en autobús.

La causa de:

b	I was awakened **by** the noise, the radio-clock.
	Me despertó el ruido, el radio despertador.
c	I succeeded **through** hard work. *Lo logré gracias a un trabajo arduo.*

Instrumento:

d	I did it **with** fine tools, gloves, goggles.
	Lo hice con buenas herramientas, guantes y gafas protectoras.
e	I will reply **in** writing. *Contestaré por escrito.*

---

1. Véase *Modos de responder a una solicitud de información*, p. 5, 7 y 9
   y *Las proposiciones adverbiales*, p. 191.

ABOUT THE HOW OF THINGS
ACERCA DE LA MANERA DE. . .[1]

3 To what degree
La apreciación, el grado

a | **How did you like** | the show? | *¿Qué te pareció* | *el espectáculo?*
| | the play? | | *la obra de teatro?*
| | the program? | | *el programa?*
| | the speech? | | *el discurso?*
| | the lesson? | | *la lección?*
| | the meal? | | *la comida?*
| | your evening? | | *la velada?*
| | your vacation? | *¿Qué te parecieron* | *tus vacaciones?*

b | **How** well does she speak English? *¿Qué tan bien habla ella el inglés?*

---

1. Véase *Modos de solicitar información*, p. 4, 6 y 8,
   y el cuadro *La pregunta con palabra interrogativa*, p. 182 y 183.

ABOUT THE HOW OF THINGS
ACERCA DE LA MANERA DE. . .[1]

3 ## To what degree
La apreciación, el grado

a | I liked it *(Me gustó)*

very much *(mucho).*
a lot *(muchísimo).*
a great deal *(bastante).*
reasonably well *(más o menos).*
a little *(un poco).*

I did **not** like it *(No me gustó)*

much *(mucho).*
at all *(nada).*

b | She speaks English
(Ella habla inglés)

perfectly *(perfectamente, regular).*
fluently *(con fluidez).*
really *(realmente).*
truly *(verdaderamente).*
very *(muy).*
rather *(más o menos).*
fairly *(medianamente, regular).*
quite *(del todo).*
poorly *(mal).*

well *(bien).*

---

1. Véase *Modos de responder a una solicitud de información,* p. 5, 7 y 9
   y *Las proposiciones adverbiales,* p. 191.

ABOUT THE REASON
ACERCA DE UNA RAZÓN PARA. . .[1]

1 **The cause**
La causa

a	**Why** is she in such good shape? *¿Por qué tiene ella tan buena condición?* **How is it that** she's in such good shape? **How come** she's in such good shape?

¿A qué se debe que ella esté en tan buena forma?

b	**Why** do you look so upset? *¿Por qué te ves tan contrariado?*
c	**Why** did you hurry back? *¿Por qué te apresuraste a regresar?*
d	**Why** didn't you rent a room? *¿Por qué no rentaste un cuarto?*
e	**Why** didn't you wait? *¿Por qué no esperaste?*

2 **The purpose**
El propósito, el fin, la intención, el objetivo

Why do you work so hard? *¿Por qué trabajas tan duro?*

You work very hard. **What for? Why?** *Trabajas muy duro. ¿Para qué? ¿Por qué?*

---

1. Véase *Modos de solicitar información*, p. 4, 6 y 8
   y el cuadro *La pregunta con palabra interrogativa*, p. 182 y 183.

ABOUT THE REASON
ACERCA DE UNA RAZÓN PARA. . .[1]

1 The cause
La causa

Palabras clave que se utilizan antes de otras palabras:

a	She's in such good shape	**because of** her lifestyle.
	Ella está en buena condición física	*por su estilo de vida.*
		due to regular exercise.
		debido al ejercicio constante.
		thanks to all the sports she does.
		gracias a todos los deportes que practica.

Palabras de enlace que unen dos acciones:

b	I look upset **because** I've just been through a hard time.
	Me veo contrariado porque acabo de pasar por tiempos difíciles.
c	I hurried back **for** I knew you were here.
	Me apresuré a regresar porque supe que estabas aquí.
d	I couldn't rent a room **since*** I was out of money.
	No pude rentar un cuarto porque no tenía dinero.
e	I decided not to wait **as*** things were getting worse.
	Decidí no esperar ya que las cosas empeoraban.

2 The purpose
El propósito, el fin, la intención, el objetivo

Palabras clave que se emplean antes de un verbo infinitivo que desempeña la función de sustantivo en la oración:

I work hard	**in order to** **so as to**	succeed.	*Trabajo duro*	*a fin de, para* *con el* *propósito de*	*triunfar.*

Palabras de enlace que relacionan dos verbos conjugados:

I work hard	**in order that** **so that**	I might. succeed.	*Trabajo duro*	*a fin de que* *para que* *con el interés de que*	*pueda* *triunfar.*

* **Since** y **as** *tienen el sentido de "puesto que, dado que".*

---

1. Véase *Formas de responder a una solicitud de información,* p. 5, 7 y 9
   y *Las proposiciones adverbiales,* p. 192.

ABOUT AN EVENT
ACERCA DE UN EVENTO[1]

1 In the past
En el pasado[1]

a	**Where did you go?** *¿A dónde fuiste?*
	Where were you? *¿Dónde estuviste? ¿Dónde estabas?*
	Where have you been? *¿Dónde has estado?*
	Where did it take place? *¿Dónde se llevó a cabo?*
b	**When did it happen?** *¿Cuándo ocurrió?*
	When did it take place? *¿Cuándo se efectuó?*
c	**How did you get there?** *¿Cómo llegaste ahí?*
	How did it happen? *¿Cómo pasó?*
	How did it go? *¿Cómo estuvo?*
	How did you like it? *¿Qué te pareció?*
d	**What was it?** *¿Qué fue eso?*
	What was that all about? *¿De qué trató?*
	What happened? *¿Qué aconteció?*
	What did you do? *¿Qué hiciste?*
e	**Who was there?** *¿Quién estuvo ahí?*
	Who were the participants? *¿Quiénes fueron los participantes?*
f	**Who(m) did you go with?** *¿Con quién fuiste?*
	Who(m) did you leave with? *¿Con quién te marchaste?*
g	**(At) what time did you arrive?** *¿A qué hora llegaste?*
	(At) what time did it begin? *¿A qué hora comenzó?*
	(At) what time did it finish? *¿A qué hora terminó?*
	(At) what time did you get back? *¿A qué hora regresaste?*
h	**How long did it last?** *¿Cuánto tiempo duró?*
i	**How much did it cost?** *¿Cuánto costó?*
	How much was it? *¿Cuánto costó?*
j	**Was it fun?** *¿Estuvo divertido?*
	Was it exciting? *¿Estuvo emocionante?*
	Was it boring? *¿Estuvo aburrido?*
	Was it dreadful? *¿Estuvo espantoso?*

---

1. Véase *La pregunta con palabra interrogativa*, p. 182 y 183 y *Las conjugaciones*, p. 128 y 141.

ABOUT AN EVENT
ACERCA DE UN EVENTO

1 **In the past**
   En el pasado[1]

a	**I went to Quebec city.** *Fui a Quebec.*
	I was in Quebec city. *Estuve en Quebec.*
	I've been in/to Quebec city. *He estado en Quebec (la ciudad).*
	It took place at the Château Frontenac. *Se llevó a cabo en Château Frontenac.*
b	**It happened last week.** *Ocurrió la semana pasada.*
	It took place last week. *Se efectuó la semana pasada.*
c	**I got there by car.** *Llegué en auto.*
	It happened very suddenly. *Pasó repentinamente.*
	It went pretty well. *Estuvo muy bien.*
	I liked it very much. *Me gustó mucho.*
d	**It was a convention.** *Fue una convención.*
	It was about young people. *Trató acerca de la juventud.*
	Lots of things happened. *Acontecieron muchas cosas.*
	I took part in a workshop. *Participé en un taller.*
e	**There were people from all over Quebec.**
	Hubo gente de todo Quebec.
	Experts and young people took part.
	Participaron expertos y jóvenes.
f	**I went with a friend of mine.** *Fui con un(a) amigo(a) mío(a).*
	I left with a friend of mine. *Me marché con un(a) amigo(a) mío(a).*
g	**I arrived at nine.** *Llegué a las nueve.*
	It began at nine thirty A.M.. *Comenzó a las 9:30 de la mañana.*
	It finished at ten P.M.. *Terminó a las 10 de la noche.*
	I was back at/by midnight. *Regresé a medianoche.*
h	**It lasted (for) one day.** *Duró un día.*
i	**It cost fifty dollars.** *Costó cincuenta dólares.*
	Fifty dollars. *Cincuenta dólares.*
j	**It was fun.** *Estuvo divertido.*
	It was very exciting. *Estuvo muy emocionante.*
	It was not boring. *No estuvo aburrido.*
	It was not dreadful at all. *No fue nada desagradable.*

---

1. Véase *Las conjugaciones* p. 138 a 141 y *Los indicadores*, p. 98 a 108.

ABOUT AN EVENT
ACERCA DE UN EVENTO

---

2 | ## In the present
En el presente[1]

a	**Where are you?** *¿Dónde estás?* **Where is it?** *¿Dónde es?* **Where is it taking place?** *¿Dónde se está llevando a cabo?*
b	**How is it going?** *¿Cómo va todo?*
c	**What is ('s) going on?** *¿Qué está sucediendo?*
d	**Why are you having a party?** *¿Por qué motivo están celebrando la fiesta?*
e	**Who is ('s) there?** *¿Quién está ahí?*
f	**How much does it cost?** *¿Cuánto cuesta?* **How much is it?** *¿Cuánto es?*
g	**Is it fun?** *¿Es (está) divertido?* **Is it exciting?** *¿Es (está) emocionante?* **Is it boring?** *¿Es (está) aburrido?*

---

1. Véase también *La pregunta con palabra interrogativa*, p. 182 y 183 y *Las conjugaciones*, p. 122 a 127.

ABOUT AN EVENT
ACERCA DE UN EVENTO

2 **In the present**
En el presente[1]

a	**I'm at a party.** *Estoy en una fiesta.* **It's at Nathalie's house.** *Es en casa de Nathalie.* **It's taking place at Nathalie's house.** *Se está llevando a cabo en casa de Nathalie.*
b	**It's terrific! Great!** *¡Es extraordinaria! ¡Magnífica!*
c	**We're having snacks, games, music and dancing.** *Hay bocadillos, juegos, música y baile.*
d	**We're celebrating the end of the schoolyear.** *Estamos celebrando el fin del año escolar.*
e	**Most of our classmates are here.** *La mayoría de nuestros compañeros y compañeras están aquí.*
f	**It only costs 5 dollars each.** *Cuesta sólo cinco dólares cada uno.* **It's only 5 dollars each.** *Solamente cuesta cinco dólares cada uno.*
g	**It's a lot of fun.** *Es (está) muy divertida.* **It's very exciting.** *Es (está) muy emocionante.* **It's not boring at all.** *No es (está) nada aburrido.*

---

1. Véase *Las conjugaciones*, p. 122 a 127 y *Los indicadores*, p. 98 a 108.

ABOUT AN EVENT
ACERCA DE UN EVENTO

3 **In the future**
En el futuro¹

a	**Where are you going?** *¿Dónde vas?*
	Where will you be? *¿Dónde estarás?*
	Where is it taking place? *¿Dónde se llevará a cabo?*
	Where is it going to be held? *¿Dónde tendrá lugar?*
b	**When is it supposed to take place?** *¿Cuándo se supone que se llevará a cabo?*
	When is it expected to take place? *¿Cuándo se espera que se lleve a cabo?*
c	**How do you plan to get there?** *¿Cómo planeas llegar ahí?*
d	**What is it?** *¿De qué se trata?*
	What will you do? *¿Qué harás?*
	What are you going to do? *¿Qué vas a hacer?*
	What are you hoping to do? *¿Qué esperas hacer?*
	What are you expecting? *¿Qué pretendes hacer?*
e	**Who is ('s) going to be there?** *¿Quién va a estar ahí?*
	Who will be there? *¿Quién estará ahí?*
	Who should be there? *¿Quién debería estar ahí?*
f	**Who(m) are you planning to go with?** *¿Con quién planeas ir?*
	Who(m) will you leave with? *¿Con quién irás?*
g	**(At) what time are you leaving?** *¿A qué hora te vas a ir?*
	(At) what time will you be back? *¿A qué hora regresarás?*
	(At) what time is it supposed to begin?
	¿A qué hora se supone que empezará?
	How late could it finish? *¿A qué hora podría terminar?*
h	**How long will it last?** *¿Cuánto tiempo durará?*
	How long do you expect to be there? *¿Cuánto tiempo esperas estar ahí?*
i	**How much is it?** *¿Cuánto cuesta?*
	How much will it cost? *¿Cuánto costará?*
	How much is it going to cost? *¿Cuánto va a costar?*
j	**Do you expect it to be fun, exciting, boring?**
	¿Esperas que esté divertido(a), emocionante, aburrido(a)?

---

1. Véase también *La pregunta con palabra interrogativa,* p. 182 y 183 y *Las conjugaciones,* p. 142 a 149.

ABOUT AN EVENT
ACERCA DE UN EVENTO

3 | **In the future**
En el futuro[1]

a	**I'm going to Monterrey.** *Voy a ir a Monterrey.*
	I'll be in Monterrey. *Estaré en Monterrey.*
	It's taking place in Monterrey. *Se llevará a cabo en Monterrey.*
	It's going to be in Monterrey. *Va a tener lugar en Monterrey.*
b	**It's supposed to take place in two days.** *Se supone que se llevará a cabo en dos días.*
	It should take place in two days. *Debería llevarse a cabo en dos días.*
c	**I plan to get there by bus.** *Planeo llegar allá en autobús.*
d	**It's a sporting event.** *Es un evento deportivo.*
	I'll take part. *Participaré.*
	I'm going to take part. *Voy a participar.*
	I intend to do my best. *Tengo la intención de hacer mi mejor esfuerzo.*
	I might be among the leaders. *Tal vez me sitúe entre los primeros.*
e	**The top competitors are going to be there.** *Los mejores competidores van a estar ahí.*
	The top competitors will be there. *Los mejores competidores estarán ahí.*
	The top competitors should be there. *Los mejores competidores deberían estar ahí.*
f	**I plan to go with my coach.** *Planeo ir con mi entrenador.*
	I'll leave with my coach. *Me iré con mi entrenador.*
g	**I'm leaving at 6:00 A.M..** *Me voy a ir a las seis de la mañana.*
	I'll be back by 10:00 P.M.. *Regresaré a las diez de la noche.*
	It's supposed to begin at 10:00 A.M.. *Se supone que empezará a las diez de la mañana.*
	It might not finish until late in the afternoon.
	Tal vez no termine sino hasta tarde, después de mediodía.
h	**It will last (for) about eight hours.** *Durará aproximadamente ocho horas.*
	I should be there for about eight hours.
	Debería estar ahí aproximadamente durante ocho horas.
i	**It's about 100 dollars.** *Cuesta aproximadamente cien dólares.*
	It will cost about 100 dollars. *Costará aproximadamente cien dólares.*
	It's going to cost about 100 dollars. *Va a costar aproximadamente cien dólares.*
j	**It should be a great deal of fun.** *Debería ser muy divertido.*
	It should be very exciting. *Debería ser muy emocionante.*
	It shouldn't be boring. *No debería ser aburrido (a).*

---

1. Véase *Las conjugaciones*, p. 142 a 149 y *Los indicadores*, p. 98 a 108.

SECTION THREE
DISCUSSIONS AND CONVERSATIONS:
FINDING OUT ABOUT ATTITUDES AND EXPRESSING YOUR ATTITUDES

TERCERA SECCIÓN
PLÁTICAS Y CONVERSACIONES:
FORMAS DE DESCUBRIR LAS ACTITUDES DE LOS DEMÁS Y DE EXPRESAR LAS PROPIAS

FINDING OUT ABOUT ATTITUDES
FORMAS DE DESCUBRIR LAS ACTITUDES DE LOS DEMÁS

1 **Opinions**
La opinión

a **Do you agree** (with me on that)? *¿Estás de acuerdo (conmigo en eso)?*

b **Do you think so?** *¿Así lo crees?*

c **What do you think of that idea?** *¿Qué piensas acerca de esa idea?*

d **Do you have any objections?** *¿Tienes alguna objeción?*

e **What's your feeling about that/it?** *¿Cuál es tu impresión acerca de eso?*
What do you feel about that idea? *¿Qué opinas sobre esa idea?*
How do you feel about that? *¿Cómo te sientes al respecto?*

f **What's your opinion?** *¿Cuál es tu opinión?*

g **Does it make any difference to you?** *¿Te importa?*
Do you care? *¿Te interesa?*
Does it bother you? *¿Te molesta?*

EXPRESSING YOUR ATTITUDES
FORMAS DE DESCUBRIR LAS ACTITUDES DE LOS DEMÁS

1 Opinions
La opinión

a	**I agree** (with you on that). *Estoy de acuerdo (contigo en eso).*
	I agree but. . . *Estoy de acuerdo pero. . .*
	I don't agree. *No estoy de acuerdo.*
	I disagree. *Disiento. No estoy de acuerdo.*
b	**I think so** (too). *Así lo creo (también). Creo que sí.*
	I don't think so. *No lo creo así. Creo que no.*
c	**I think that. . .** *Creo que. . . Pienso que. . .*
	I don't think much of it. *No creo mucho de eso. No le doy mucho valor.*
	I don't know what to think. *No sé qué pensar.*
d	**I have no objections.** *No tengo objeción alguna.*
	I have an objection. *Tengo una objeción.*
e	**I (honestly) feel that. . .** *Sinceramente pienso que. . .*
	My feeling is that. . . *Mi impresión es que. . .*
	It appears to me that. . . *Me parece que. . .*
f	**In my opinion. . .** *En mi opinión. . .*
	I'm of the opinion that. . . *Soy de la opinión de que. . .*
g	**It makes no difference to me.** *No me importa. Me da igual.*
	I don't care. *No me interesa.*
	Yes, it bothers me. *Sí, me molesta.*

FINDING OUT ABOUT ATTITUDES
FORMAS DE DESCUBRIR LAS ACTITUDES DE LOS DEMÁS

2 | **Interests and preferences**
Intereses y gustos

a	**What are you interested in?**		*¿En qué te interesas?*	
	Are you interested in literature?		*¿Te interesas en la literatura?*	
b	**What do you like (best)?**		*¿Qué es lo que (más) te gusta?*	
c	**Do you like**	music?	*¿Te gusta*	la música?
		going out?		salir?
d	**Do you enjoy**	the theater?	*¿Te gusta*	el teatro?
		walking in the rain?		caminar bajo la lluvia?
e	**What's your** pastime?		*¿Cuál es tu pasatiempo?*	
f	**Who's your favorite** singer?		*¿Quién es*	tu cantante favorito?
				tu cantante favorita?
g	**What's your preference?**		*¿Qué prefieres?*	

EXPRESSING YOUR ATTITUDES
FORMAS DE EXPRESAR ACTITUDES PROPIAS

2 | Interests and preferences
Intereses y gustos

a | **I like** hockey. *Me gusta el hockey.*
I'm not interested in literature. *No me interesa la literatura.*

b | **What I like (best) is** being with a friend.
Lo que (más) me gusta es estar con un(a) amigo(a).

c | **I like** music. *Me gusta la música.*
I don't like going out. *No me gusta salir.*

d | **I really enjoy** going to the theater. *En verdad me gusta ir al teatro.*
I don't like walking in the rain. *No me gusta caminar bajo la lluvia.*
I can't stand rain. *No puedo soportar la lluvia.*

e | **My pastime is** painting. *Mi pasatiempo es la pintura.*

f | **My favorite** singer **is. . .** | *Mi cantante favorito es. . .*
Mi cantante favorita es. . .

g | **I'd rather** listen to music **than** go out.
Prefiero escuchar música que salir.

FINDING OUT ABOUT ATTITUDES
FORMAS DE DESCUBRIR LAS ACTITUDES DE LOS DEMÁS

3 **Intentions**
Las intenciones

a	What do you **intend** to do? What's your **intention**?	*¿Qué intentas hacer?* *¿Cuál es tu intención?*
b	What are you **thinking of** doing? What do you **have in mind**?	*¿Qué piensas hacer?* *¿Qué tienes en mente?*
c	What do you **plan to** do?	*¿Qué* | *planeas* | *hacer?* *intentas* *te propones*
d	What **are** you **going to** do?	*¿Qué vas a hacer?*
e	What **will** you do?	*¿Qué harás?*
f	What **are** you **about to** do?	*¿Qué estás a punto de hacer?*
g	**What were** you **about to** do?	*¿Qué estuviste a punto de hacer?*

EXPRESSING YOUR ATTITUDES
FORMAS DE EXPRESAR ACTITUDES PROPIAS

<table>
<tr><td>**3**</td><td>**Intentions**
Las intenciones</td></tr>
</table>

a	I **intend to** travel. It'**s my intention to** travel.	*Tengo la intención de viajar.*
b	I'**m thinking about** going on a cruise. I **have it in mind to** go on a cruise.	*Pienso viajar en crucero.* *Tengo en mente viajar en crucero.*
c	I **plan to** go to the Polynesian Islands.	*Planeo ir a las islas polinesias.*
d	I'**m going to** save money.	*Voy a ahorrar dinero.*
e	I'**ll** work twice as hard.	*Trabajaré el doble.*
f	I'**m about to** book my trip.	*Estoy a punto de reservar mi viaje.*
g	I **was just going to** give a down payment.	*Justamente iba a dar un anticipo.*

FINDING OUT ABOUT ATTITUDES
FORMAS DE DESCUBRIR LAS ACTITUDES DE LOS DEMÁS

 Moods and feelings
Las emociones, los estados de ánimo, y las sensaciones

How are you? *¿Cómo estás?*
How do you feel? *¿Cómo te sientes?*
How are you feeling? *¿Cómo sigues?*
What kind of a mood are you in? *¿En qué estado de ánimo te encuentras?*
¿De qué humor estás?
What's the matter with you? *¿Qué te pasa? ¿Qué tienes?*
What's wrong with you? *¿Qué anda mal contigo? ¿Qué problema tienes?*
What's new? *¿Qué hay de nuevo?*
How are things? *¿Qué tal? ¿Cómo te va?*

EXPRESSING YOUR ATTITUDES
FORMAS DE EXPRESAR ACTITUDES PROPIAS

 ## Moods and feelings
Las emociones, los estados de ánimo y las sensaciones

Happiness and joy
La felicidad y la alegría.
I'm delighted. *Estoy encantado.*
I feel free. *Me siento libre.*
I'm glad. *Estoy contento(a).*
I'm happy. *Estoy feliz.*
I'm in a good mood. *Estoy de buen humor.*
I'm in love. *Estoy enamorado(a).*
I'm out of my mind with joy.
Estoy loco(a) de alegría.
I'm pleased. *Me siento complacido.*

Self-confidence and inner peace
La confianza en uno mismo
y la paz interior
I'm confident. *Tengo confianza.*
I'm calm. *Estoy tranquilo(a).*

Health
La salud
I'm fine. *Estoy perfectamente.*
I'm O.K.. *Estoy bien.*
I'm sick. *Estoy enfermo(a).*
I'm (very) well. *Estoy (muy) bien.*

Fatigue, boredom
La fatiga, el aburrimiento
I'm bored. *Estoy aburrido.*
I'm fed up. *Estoy harto.*
I'm sleepy. *Tengo sueño.*
I'm tired. *Estoy cansado(a).*
I'm worn out. *Estoy rendido(a).*

Sadness, sorrow
La tristeza, la pena
I'm hurt. *Estoy lastimado.*
I'm sad. *Estoy triste.*
I'm sorry. *Lo siento. Estoy apenado(a).*

Hunger and thirst
El hambre, la sed
I'm hungry. *Tengo hambre.*
I'm thirsty. *Tengo sed.*

Dissatisfaction
La insatisfacción
I'm annoyed. *Estoy molesto(a).*
I'm disappointed. *Estoy decepcionado(a).*
I'm displeased. *Estoy disgustado(a).*

Bad mood, anger
El mal humor, el enojo
I'm angry. *Estoy enojado(a).*
I'm in a bad mood.
Estoy de mal humor.
I'm mad. *Estoy contrariado(a).*
I'm upset. *Estoy molesto(a).*

Surprise
La sorpresa
I'm shocked. *Estoy perplejo(a).*
I'm surprised. *Estoy sorprendido(a).*

Fear, worry
El temor, la preocupación
I'm afraid. *Tengo miedo.*
I'm anxious. *Estoy ansioso(a).*
I'm concerned. *Estoy preocupado(a).*
I'm frightened. *Estoy asustado(a).*
I'm nervous. *Estoy nervioso(a).*
I'm scared. *Estoy espantado(a).*
I'm terrified. *Estoy aterrorizado(a).*
I'm worried. *Estoy preocupado(a).*

Embarrassment and shame
La vergüenza y la pena
I'm ashamed. *Estoy avergonzado(a).*
I'm embarrassed. *Estoy apenado(a).*

Nota: *Se podría utilizar* I feel. . . *(Me siento. . .) delante de la mayoría de estas palabras o expresiones.*

SECTION **FOUR**
TALKING ABOUT THINGS TO DO

CUARTA SECCIÓN
CONVERSACIONES ACERCA DE COSAS POR HACER

ASKING ABOUT THINGS TO DO
FORMAS DE PEDIR U OFRECER ALGUNA COSA

1 Asking permission
Formas de pedir permiso[1]

May I leave? *¿Me puedo retirar?*
Can I leave? *¿Puedo irme?*
Could I leave? *¿Podría marcharme?*
Do you mind if I leave? *¿Te (le, les) importa si me voy?*
Would it be possible for me to leave? *¿Sería posible que me fuera?*
Would you allow me to leave? *¿Me permitiría retirarme?*
I wonder if I could leave. . . *Me pregunto si podría irme. . .*
Please. . .? *¿Por favor?*

2 Asking for help
Formas de pedir ayuda[1]

Excuse me. **Could you help me?** *Disculpe, ¿podría ayudarme?*
Pardon me. **Could you help me, please?** *Perdone, ¿podría ayudarme, por favor?*
Would you give me a hand, please? *¿Me da una mano, por favor?*

3 Suggesting an activity
Formas de sugerir una actividad[1]

How about playing a game? *¿Qué te parece si jugamos?*
We could play a game. . . *Podríamos jugar un partido. . .*
It would be fun to play a game. . . *Sería divertido jugar un partido. . .*
Let's try something[2]. *Intentemos algo.*
Let's start with a game[2]. *Empecemos con un juego.*

---

1. Véase *Los auxiliares*, p. 150 y 153.
2. Véase *El imperativo*, p. 159.

REACTING TO A REQUEST OR AN OFFER
FORMAS DE RESPONDER A UNA PETICIÓN O A UN OFRECIMIENTO

 ### Giving or refusing permission
Formas de conceder o negar un permiso[1]

Yes, **you may.** *Sí, puedes irte.*
Yes, **you can.** *Sí, puedes retirarte.*
I don't mind. *No me molestaría.*
I wouldn't mind. *No me importaría.*
Sure. Go ahead. *Seguro. Adelante.*
Sure. Why not? *Seguro. ¿Por qué no?*
No, **you may not.** *No, no puede(s).*
Certainly not. *Desde luego que no.*
Sorry, **that won't be possible.** *Lo siento, eso no será posible.*
You're not allowed to. *No, no estás autorizado para ello.*
Sorry, **the answer is no.** *Lo siento, la respuesta es no.*

Giving or refusing help
Formas de dar o negar ayuda

Of course, I will. *Desde luego, sí puedo.*
With pleasure. What's wrong? *Con gusto. ¿Qué es lo que anda mal?*
I'd be happy to. *Me daría gusto hacerlo.*
Sorry, I'm in a hurry. *Lo siento, tengo prisa.*
Sorry, I'm busy. *Lo siento, estoy ocupado(a).*
I'm afraid I can't. *Me temo que no puedo.*

Accepting or declining a suggestion
Formas de aceptar o rechazar una sugerencia

It sounds great! *¡Suena estupendo!*
Why not? Let's go. *¿Por qué no? Vamos.*
That's a good idea. *Es una buena idea.*
I don't feel like it. *No tengo ganas.*
Sorry, I'm busy. *Lo siento, estoy ocupado(a).*
Some other time. *En otra ocasión.*

---

1. Véase también *Los auxiliares*, p. 153.

ASKING ABOUT THINGS TO DO
FORMAS DE PEDIR U OFRECER ALGUNA COSA

4 Invitations
Invitaciones[1]

Join us! *¡Únete a nosotros!*
How about joining us?
¿Qué te(le) parece si te(se) unes a nosotros!
Come on. *Vamos.*
Would you like to come in? *¿Le gustaría a usted pasar?*
Do you want to be part of it?
¿Quiénes forman parte de ello?

5 Offering to help
Formas de ofrecer ayuda[2]

Can I help you? *¿Puedo ayudarle?*
Can I be of help? *¿Puedo ayudar en algo?*
Can I be helpful in any way? *¿Puedo ayudar de alguna manera?*
Can I do anything for you? *¿Puedo hacer algo por usted?*
Is there anything I can do? *¿Hay algo que pueda hacer?*
Do you need any help? *¿Necesita ayuda?*
Can I give you **a hand?** *¿Puedo darle una mano?*

---

1. Véase también *El imperativo*, p. 159.
2. Véase también *Los auxiliares,* p. 153.

REACTING TO A REQUEST OR AN OFFER
FORMAS DE RESPONDER A UNA PETICIÓN O A UN OFRECIMIENTO

4 ## Accepting or declining an invitation
Formas de aceptar o rechazar una invitación

Thank you. That's very kind of you. *Gracias. Es muy amable de su parte.*
Great! *¡Estupendo!*
Here I am! *¡Aquí estoy!*
I'm on my way. *Estoy en camino.*
I'd be happy to. *Me encantaría.*
Sure. *Seguro.*
No thanks. *No gracias.*
I don't feel like it. *No tengo ganas.*
No. Leave me alone. *No, déjeme solo.*
I don't think so. *No creo.*
Some other time. *En otra ocasión.*

5 ## Accepting or refusing help
Formas de aceptar o rechazar ayuda

Yes. **Sure.** *Sí. Seguro.*
Oh yes. **Please.** *¡Oh sí! Por favor.*
Yes, **you can.** *Sí, adelante.*
You could be of great help. *Usted podría ser de gran ayuda.*
It's/that's very kind of you. *Es muy amable de su parte.*
No, thank you. *No, gracias.*
I'm afraid not. *Me temo que no.*
Thank you. **I think I can manage this on my own.**
Gracias, creo que puedo manejar esto yo solo.
No. **I'll try to sort it out by myself.**
No, voy a tratar de resolverlo por mí mismo.
It's very kind of you, but. . . *Es muy amable de su parte, pero. . .*

ASKING ABOUT THINGS TO DO
FORMAS DE PEDIR U OFRECER ALGUNA COSA

Asking for advice
Modos de pedir un consejo[1]

What **should** I do? *¿Qué debería hacer?*
Can you **give** me **any advice?** *¿Puede darme algún consejo?*
Can you **give** me **some advice?** *¿Puede aconsejarme?*
May I **ask** you **for advice?** *¿Puedo pedirle un consejo?*
I would **take your advice.** *Tomaría su consejo.*
I would certainly **follow** your **advice.** *Yo seguiría su consejo.*

Can you **give** *me a*	**bit of advice?**	*¿Puede darme*	*un pequeño consejo?*
	tip?		*una indicación?*
	hint?		*un indicio?*

Asking for instructions
Modos de solicitar instrucciones[2]

What do I **have to** do?	*¿Qué tengo que hacer? ¿Qué debo hacer?*
What **have** I **got to** do?	

What **do I need to do?** *¿Qué necesito hacer?*
What do the **instructions say?** *¿Qué dicen las instrucciones?*
Can you give me **directions?** *¿Puede darme instrucciones?*

---

1. Véase *Los auxiliares*, p. 152.
2. Véase *Los auxiliares*, p. 151.

REACTING TO A REQUEST OR AN OFFER
FORMAS DE RESPONDER A UNA PETICIÓN O A UN OFRECIMIENTO

6 | ## Giving advice
Modos de dar un consejo[1]

You **should**. . . *Deberías*. . .
I think you **should**. . . *Creo que deberías*. . .
What you **should** do is. . . *Lo que debería (s) hacer es*. . .
I (strongly) **advise** you **to**. . . *Te aconsejo (enfáticamente) que*. . .
It's **advisable to**. . . *Es aconsejable que*. . .
Take my **advice**. . . *Sigue mi consejo*. . .
Here is **a sound piece of advice**. . . *He aquí un buen consejo*. . .

practice.
practicar.

I'll **give** you a | **bit of advice**. . .   *Te voy a dar* | *un pequeño consejo:*. . .
| **tip:**. . . | *una indicación:*. . .
| **hint:**. . . | *un indicio:*. . .

As far as I'm concerned, . . . *En mi opinión, según yo*. . .

7 | ## Giving instructions
Modos de dar instrucciones[2]

You **have to**. . . *Debe(s). . . Tiene(s)*. . .
You**'ve got to**. . . *Tiene(s) que, debe(s)*. . .
You **must**. . . *Debes*. . .
You **need to**. . . *Necesitas*. . .

follow instructions. *seguir las instrucciones.*

Do your best. *Haz(haga) tu(su) mejor esfuerzo. Haz(haga) lo posible por.*
Do as I say. *Haz(o haga) como lo digo.*
Make an effort. *Haz(o haga) un esfuerzo.*
Read the label. *Lee(o lea) la etiqueta.*

---

1. Véase *Los auxiliares*, p. 152.
2. Véase *Los auxiliares*, p. 151.

SECTION ONE
WORDS AND HOW THEY ARE USED:
PARTS OF SPEECH

PRIMERA SECCIÓN
LAS PALABRAS Y LAS FORMAS DE
USARLAS COMO PARTES DE LA
CONVERSACIÓN

NOUNS
LOS SUSTANTIVOS

GENDER OF NOUNS	*EL GÉNERO DE LOS SUSTANTIVOS*
Masculine and feminine	***El masculino y el femenino***
Adult, artist, author, child, cook, cousin, dancer, driver, friend, journalist, lover, painter, parent, prisoner, singer, student, teacher, etc.	*La mayoría de los sustantivos tienen la misma forma (ortográfica) en el masculino y en el femenino.*
boy girl brother sister bull cow cock/rooster hen father mother king queen man woman nephew niece son daughter uncle, etc. aunt, etc.	*Algunos sustantivos tienen formas diferentes para el masculino y para el femenino.*
mayor mayoress	*Ciertos sustantivos forman su femenimo añadiendo -ess al masculino.*
prince princess	*En otros que terminan en e, se añade -ss.*
actor actress	*Los sustantivos que terminan en -or o en -er pierden a veces la «o» o la «e» antes de que se les añada -ess.*
duke duchess	*Los sustantivos que terminan en -ke cambian a -chess*
Neuter	***El neutro***
animal, bird, building, clothing, distance, fish, flower, food, furniture, plant, time, tree, weather, etc.	*El neutro se utiliza para seres inanimados, animales y cosas abstractas.* *Véase las excepciones en la página 94.*

NOTA IMPORTANTE: Los artículos y los adjetivos carecen de género en inglés. El género de los sustantivos sólo determina el de los pronombres personales y el de los adjetivos y pronombres posesivos; véase p. 94 y 95.

NOUNS
LOS SUSTANTIVOS

PLURAL OF NOUNS	*EL PLURAL DE LOS SUSTANTIVOS*
a General rule dog · dog**s** house · house**s** tree · tree**s** Johnson · the Johnson**s**, etc.	**Regla general** *Se añade **-s** al singular.*
b Nouns ending in -ch, -o, -sh, -ss and -x box · box**es** brush · brush**es** kiss · kiss**es** tomato · tomato**es** watch · watch**es**, etc.	*A los sustantivos terminados en **-ch, -o, -sh, -ss** y **-x*** *se añade **-es** al singular.*
c Nouns ending in -y after a consonant baby · bab**ies** country · countr**ies**, etc.	*En el caso de los sustantivos terminados en **-y** después de consonante.* *la **-y** se transforma en **-ies.***
d Thirteen nouns ending in -f and -fe calf · cal**ves** elf · el**ves** half · hal**ves** knife · kni**ves** leaf · lea**ves** life · li**ves** loaf · loa**ves** self · sel**ves** sheaf · shea**ves** shelf-shel**ves** thief · thie**ves** wife · wi**ves** wolf · wol**ves**	*En los trece sustantivos siguientes, terminados en* ***-f** o en **-fe.*** *la -f y la -fe se transforman en **-ves***
e Some nouns that change vowel(s) foot · f**ee**t goose · g**ee**se man · m**e**n tooth · t**ee**th woman · wom**e**n	*Ejemplos de sustantivos que se someten a un cambio de vocal.*
f Some nouns that take -en child · childr**en** ox · ox**en**	*Ejemplos de sustantivos poco comunes a los que se les añade la terminación **-en.***
g Foreign or abbreviated nouns ending in -o dynamo · dynamo**s** piano · piano**s** photo · photo**s**	*A los sustantivos extranjeros o abreviados que terminan en **-o** se les añade **-s** para formar el plural.*

NOUNS
LOS SUSTANTIVOS

INVARIABLE NOUNS*	*SUSTANTIVOS INVARIABLES*
a Name of some animals cod, deer, fish, grouse, salmon, sheep, trout, etc.	*Ciertos nombres de animales no tienen plural.*
b Nouns that can be collective advice, chicken, folk, fruit, hair, information, people, straw	*Ciertos sustantivos que se toman en sentido colectivo, no tienen plural.*
c Collective nouns furniture, homework, knowledge	*Ciertos sustantivos que son siempre colectivos no tienen plural.*
d Nouns ending in *-head, -hood, ism, -ity, -ness, -ship*, etc. brotherhood, dignity, forehead, goodness, kindness, progress, spiritualism, etc.	*Los sustantivos que terminan en **-head, -hood, -ism, -ity, -ness, -ship**, etcétera, por lo general no tienen plural.*

*Algunas de estas palabras (chicken, fish, folk, fruit, hair, people) pueden asumir la forma indicativa del plural cuando se da más énfasis a los elementos que al conjunto. Por ejemplo: The fishes of the Atlantic, Nordic peoples.

NOUNS
LOS SUSTANTIVOS

THE POSSESSIVE CASE	*EL CASO POSESIVO*
a When the object belongs to a person or an animal Jess**'s** pen, the cat**'s** bowl, the girl**'s** room, the men**'s** hats, Tom**'s** book	*El poseedor es una persona o un animal.* *Se añade **'s** al nombre del poseedor (colocándose antes del nombre del objeto poseído) en todos los sustantivos singulares así como en los plurales que no terminan en **-s**.*
b Archimedes' law, Hercules' club, the girls' surprise, the dogs' kennel	*Se añade ' al nombre del poseedor (colocándose antes del nombre del objeto poseído) en el caso de los sustantivos plurales que terminan en **-s** y de los nombres propios terminados en **-s**, **-es** y **-x**.*
c To stress identity Canada**'s** best athletes	*Para señalar la identidad, síganse las mismas reglas que en **a** y **b** aplicándolas a los nombres de países, ciudades, etcétera.*
d In expressions of time a day**'s** work, a month**'s** notice, a week**'s** wages	*En las expresiones de tiempo,* *síganse las mismas reglas que en **a** y **b** aplicándolas a sustantivos que denotan tiempo.*
e Parts of objects The legs of the table · the table's legs The roof ot the building · the building's roof	*Para los nombres de cosas,* *se hace cada vez más común seguir las mismas reglas que en **a** y **b**.*

ARTICLES
LOS ARTÍCULOS

THE DEFINITE ARTICLE		*EL ARTÍCULO DEFINIDO*	
Definite Article	Examples of uses	*Usos particulares*	*En español*
THE	**The** earth, **the** North Pole, **The** Pope, **the** universe	*Antes de aquellos sustantivos singulares que designan algo considerado como único.*	*El, la, los, las*
	The girl I saw... **The** street where you live...	*Antes de los sustantivos definidos por una locución o una proposición.*	
	Dad is in **the** garden. Jackie is cleaning **the** car.	*Antes de los sustantivos definidos por una situación o una serie de circunstancias.*	
	The lizard is lazy.	*Antes de los sustantivos en singular que representan una categoría de animales o de cosas.*	
	The young and **the** restless... Respect for **the** old!	*Antes de los adjetivos que se utilizan como sustantivos para designar una categoría de personas.*	
	The Pacific Ocean, **the** Mediterranean, **the** Rockies, **the** United States.	*Antes de los nombres de océanos, mares, cadenas montañosas y de países que se expresan en plural.*	
	She plays **the** piano. He mastered **the** violin.	*Antes de los sustantivos que se emplean para designar un tipo de instrumento musical.*	
	The best, **the** highest, **the** worst, etc.	*Antes de superlativos.*	
	The first, **the** second, **the** third, etc.	*Antes de números ordinales.*	

When the article is omitted	Omisión del artículo:
Life is real.	*Antes de sustantivos abstractos.*
Gold is found in the Abitibi region.	*Antes de nombres de materiales.*
Books are friends.	*Antes de sustantivos comunes expresados en plural y que se utilizan sin ser determinados.*
to go home, to leave home, to get back home, to hurry home	*Antes de la palabra home (en casa, la casa de uno), cuando se utiliza en forma aislada y sin determinante.*
to go to school/to church/to bed/to sea, etc. to be in court/in bed/at work/at school, etc. to return from work/from church/from school, etc. to get out of bed/of prison/of hospital, etc.	*Antes de nombres de lugares, cuando éstos se visitan o cuando se utilizan conforme a un fin.*

ARTICLES
LOS ARTÍCULOS

	THE INDEFINITE ARTICLE		*EL ARTÍCULO INDEFINIDO*	
Indefinite articles	Examples		Forma de empleo ante determinadas letras	En español
A	**a** boy **a** car **a** girl **a** house **a** year **a** young lady		*Antes de palabras que comienzan con una consonante (incluyendo «y» o «h» aspirada).*	
	a European **a** university **a** ewe		*Antes de palabras que comienzan con una vocal (eu, ew-, u-) y que tienen un sonido de «y» como el de la palabra «you».*	***Un, una,***
AN	**an** animal **an** honor **an** orange		*Antes de palabras que comienzan con una vocal o con una «h» muda.*	

*NOTA IMPORTANTE: En inglés no hay artículo indefinido para el plural. El adjetivo **some** [unos (as), algunos (as), ciertos (as)] se utiliza con frecuencia antes de los sustantivos plurales para expresar la idea de «cierto número de. . .».*

ADJECTIVES EXPRESSING QUALITY
LOS ADJETIVOS CALIFICATIVOS

ADJECTIVES EXPRESSING QUALITY	*LOS ADJETIVOS CALIFICATIVOS*
Position and agreement **a good** boy, **a good** girl, **good** boys, **good** girls. **a happy** man, **a happy** woman, **happy** men, **happy** women. **a high** tree, **a high** mountain, **high** trees, **high** mountains	*Posición y concordancia.* *Por lo general, el **adjetivo** se coloca **antes del sustantivo** al cual califica. El **adjetivo** tiene **una sola forma**, es **invariable** y **no concuerda con el sustantivo.***

NOUNS USED AS ADJECTIVES	*SUSTANTIVOS QUE SE EMPLEAN COMO ADJETIVOS*
To point out: Location · **hall** door, **kitchen** sink Time · **Christmas** Eve, **summer** holidays Use · **coffee** cup, **tennis** shoes Kind · **detective** story	*En inglés es muy común utilizar los sustantivos como adjetivos colocándolos antes de los sustantivos a los que califican. Estos sustantivos calificativos siguen la regla de la invariabilidad del adjetivo calificativo. Se usan, entre otras cosas, para indicar lugar, tiempo, utilización y género.*

THE DEMONSTRATIVE CASE
LOS DEMOSTRATIVOS

DEMONSTRATIVE ADJECTIVES		*LOS ADJETIVOS DEMOSTRATIVOS*	
Examples	Demonstrative adjectives	*Formas de empleo*	*En español*
a This car belongs to me. Do you know **this** man?	**THIS**	*Antes de un sustantivo singular, para señalar algo que está cerca.*	**Este, esta, esto**
b These books are yours. I don't trust **these** people.	**THESE**	*Antes de un sustantivo plural, para señalar algo que está cerca.*	**Estos, estas**
c That dog looks sick. Do you like **that** teacher?	**THAT**	*Antes de un sustantivo singular, para señalar algo que está lejos.*	**Ese, esa, eso**
d Those trees are very old. Where did you get **those** apples?	**THOSE**	*Antes de un sustantivo plural, para señalar algo que está lejos.*	**Esos, esas**

DEMONSTRATIVE PRONOUNS		*LOS PRONOMBRES DEMOSTRATIVOS*	
Examples	Demonstrative pronouns	*Formas de empleo*	*En español*
a This is my bike. Yours is **this one.**	**THIS** (This one)	*Pronombre singular, para señalar algo que está cerca.*	**Esto, éste, ésta**
b These are Carmelita's parents. **These** are my favorite records.	**THESE**	*Pronombre plural, para señalar algo que está cerca.*	**Estos, éstas**
c What's **that**? **That**'s my book. **That one** is John's.	**THAT** (that one)	*Pronombre singular, para señalar algo que está lejos.*	**Eso, ése, ésa**
d I can't buy all of **those.** **Those** are the best ones.	**THOSE**	*Pronombre plural, para señalar algo que está lejos.*	**Esos, ésas**
e Of all her dresses, she prefers **the** blue **one.** **The one** with the collar is fine.	**THE ONE**	*Pronombre singular, para indicar una selección.*	**Aquél, aquélla, el, la**
f The ones in the back are my friends, not **the ones** who are yelling.	**THE ONES**	*Pronombre plural, para señalar una selección.*	**Aquéllos, aquéllas, los**
g It's nice of you to help. **It**'s raining but **it**'s warm.	**IT**	*Pronombre singular, para describir una situación.*	**Ello**

THE DISTRIBUTIVE
LOS DISTRIBUTIVOS

DISTRIBUTIVE ADJECTIVES		*LOS ADJETIVOS DISTRIBUTIVOS*	
Examples	Distributive adjectives	*Formas de empleo*	*En español*
a Give **each** student a book.	**EACH**	*Para expresar «totalidad».* *De manera individual.* *Antes de un sustantivo en singular.*	***Cada***
b **Every** dog in the neighborhood was there.	**EVERY**	*Para expresar «totalidad».* *De manera individual.* *Antes de un sustantivo singular.*	***Todo, todos, toda, todas***
c **Both** colors are available.	**BOTH**	*Antes de un sustantivo plural, para referirse a un conjunto de dos elementos.*	***Los dos, ambos, ambas, uno y otro, una y otra***
d You can do it **either** way.	**EITHER**	*Antes de un sustantivo singular, para referirse a un conjunto de dos elementos.*	***Cualquier, cualquiera, (de) uno(a) o (de) otro(a)***
e **Neither** proposal is perfect. I do**n't** agree with **either** suggestion.	**NEITHER** (not. . .either)	*Antes de un sustantivo singular, para referirse a un conjunto de dos elementos.*	***Ninguno(a), ni (con) uno(a) ni (con) otro(a)***

THE DISTRIBUTIVE
LOS DISTRIBUTIVOS

DISTRIBUTIVE PRONOUNS		*LOS PRONOMBRES DISTRIBUTIVOS*	
Examples	Distributive pronouns	*Formas de empleo*	*En español*
a You will **each** be given a pencil.	**EACH**	*Para referirse a «la totalidad».* *De manera individual.* *Pronombre singular.*	***Cada uno,*** ***cada una***
b Everyone wants to be happy.	**EVERYONE**	*Para referirse a «todas las personas».* *De manera individual.* *Pronombre singular.*	***Todos(as),*** ***todo el mundo***
Everything is under control.	**EVERYTHING**	*Para referirse a «todas las cosas».* *De manera individual.* *Pronombre singular.*	***Todo, todas*** ***las cosas.***
c Both will be here at six. **Both** of them wore red sweaters.	**BOTH**	*Pronombre plural.*	***Los dos, las*** ***dos, ambos,*** ***ambas, el uno*** ***y el otro, la*** ***una y la otra***
d Either one of them could be right.	**EITHER**	*Pronombre singular.*	***Cada uno de*** ***los dos, cada*** ***una de las*** ***dos, el uno o*** ***el otro, la una*** ***o la otra***
e Neither of you is believable.	**NEITHER**	*Pronombre singular.*	***Ni el uno ni el*** ***otro, ni la una*** ***ni la otra,*** ***ninguno de*** ***los dos,*** ***ninguna de*** ***las dos***

THE QUANTITATIVE
LOS CUANTITATIVOS

QUANTITATIVE ADJECTIVES		*LOS ADJETIVOS CUANTITATIVOS*	
Examples	Quantitative adjectives	*Formas de empleo*	*En español*
a All the others understood.	**ALL**	*Para referirse a «la totalidad», en cantidad o en número.* *Antes de un sustantivo singular (cantidad) o plural (número).*	**Todo, toda, todos, todas**
b We don't have **much** money. Writing a book requires **much** thought.	**MUCH**	*Para referirse a «una gran cantidad» «una cantidad significativa».* *Antes de un sustantivo singular (no cuantificable).*	**Mucho, mucha**
c She has **many** good ideas. There aren't **many** people around.	**MANY**	*Para referirse a «un gran número».* *Antes de un sustantivo plural.*	**Mucho, mucha, muchos, muchas**
d Some drivers are reckless. Would you care for **some** coffee?	**SOME**	*Para referirse a «cierto número», antes de un sustantivo plural.* *Para referirse a «una cierta cantidad», antes de un sustantivo singular.*	**Algunos, ciertos, algunas, ciertas, un poco de, unos cuantos, unas cuantas**
e Did you notice **any** change? If you need **any** help/ pencils. . .	**ANY**	*Para referirse a «una cierta cantidad», en una pregunta o después de «if» (si).* *Antes de un sustantivo singular (no cuantificable) o de un sustantivo plural.*	**Algún, alguno, alguna, algunos, algunas**
f I'll go to **any** movie. **Any** book will do.		*Para referirse a «cualquier(a)».* *Antes de un sustantivo singular.*	**Cualquier, cualquiera**
g I don't want **any** beans. It's impossible to give them **any** advice.		*Para referirse a «ninguno (a)» o «nada de» en oraciones negativas.* *Antes de un sustantivo singular (no cuantificable) o de un sustantivo plural.*	**Ningún, ninguna,* nada de**

*Ocasionalmente se puede traducir como algún o alguna; por ejemplo: «es imposible darles algún consejo». Véase última línea en inglés del cuadro (nota del revisor técnico).

THE QUANTITATIVE
LOS CUANTITATIVOS

QUANTITATIVE ADJECTIVES		*LOS ADJETIVOS CUANTITATIVOS*	
Examples	Quantitative adjectives	*Formas de empleo*	*En español*
h There is **little** unexplored land. I have very **little** spare time.	**LITTLE**	*Para referirse a «una pequeña cantidad», «un monto pequeño».* *Antes de un sustantivo singular (no cuantificable).*	***Poco, poca, un poco de, una poca de***
i **Few** places are as fine as ours. **Few** people ever win a million dollars.	**FEW**	*Para referirse a «un pequeño número (de)».* *Antes de un sustantivo plural.*	***Pocos, pocas***
j Reserve only **one** seat! **One** woman agreed; the other didn't.	**ONE** **(a, an)**	*Para referirse a «un, una».* *Antes de un sustantivo singular.*	***Un, una***
k You have **no** time to waste. Sorry, we have **no** tickets.	**NO**	*Para referirse a «ningún, ninguna», «nada de».* *Antes de un sustantivo singular, (ningún, ninguna, nada de) o plural (ningunos, ningunas).*	***Ningún, ninguna(s), nada de***

THE QUANTITATIVE
LOS CUANTITATIVOS

QUANTITATIVE PRONOUNS		*LOS PRONOMBRES CUANTITATIVOS*	
Examples	Quantitative pronouns	*Formas de empleo*	*En español*
a I have five children and I love them **all.** **All** that is in the bag is yours.	**ALL**	*Para referirse a «la totalidad».* *Pronombre singular (cantidad) o plural (número).*	***Todo, toda, todos, todas***
b I don't know **much** about her. He doesn't drink **much.**	**MUCH**	*Para referirse a «una gran cantidad», «un monto cuantioso».* *Pronombre singular.*	***Mucho, mucha***
c **Many** of you will live to be eighty.	**MANY**	*Para referirse a «un gran número (de)».* *Pronombre plural.*	***Muchos, muchas***
d We have lemonade; want **some?** Some books we like, **some** we don't!	**SOME**	*Para referirse a «una cierta cantidad», o «un cierto número».* *Pronombre singular (cantidad) o plural (número).*	***Algún, alguno, alguna, algunos, algunas, un poco de, un poco, una poca, unos pocos, unas pocas***
e I need nails do you have **any?** If I had **any**, I'd give them to you.	**ANY**	*Para referirse a «una cierta cantidad», en una pregunta o después de if (si).* *Pronombre singular (no cuantificable) o plural.*	***Algún, alguno, alguna, algunos, algunas***
f Savings? He doesn't have **any.** Drugs? We don't need **any!**		*Para referirse a «ningún, ninguno ninguna», «nada de» en frases negativas.* *Pronombre singular (no cuantificable) o plural.*	***Ningún, ninguno, ninguna, ningunos, ningunas, nada de (eso, ello, etcétera).***
g We like them all; bring us **any one!** What great cars! I would take **any one** of them.	**ANY ONE**	*Para referirse a «cualquier, cualquiera» en frases afirmativas.* *Pronombre singular.*	***Cualquier, cualquiera.***

THE QUANTITATIVE
LOS CUANTITATIVOS

QUANTITATIVE PRONOUNS		*LOS PRONOMBRES DE CANTIDAD (O CUANTITATIVOS)*	
Examples	Quantitative pronouns	*Formas de empleo*	*En español*
h Out of sugar? I can give you **a little.** Wine? I'll have **a little**, please.	**A LITTLE**	*Para referirse a «una pequeña cantidad», «un monto pequeño».* *Pronombre singular (no cuantificable).*	**(Un) poco, (una) poca, un poco de**
i Errors? I made **a few.** **A few** of the students were in the gym.	**A FEW**	*Para referirse a «un número pequeño».* *Pronombre plural.*	**Pocos(as), unos(as), cuantos(as), algunos(as)**
j Reserve a seat; get **one** in the front rows, not **one** in the back.	**ONE**	*Para referirse a «un, una».* *Pronombre singular.*	**Uno(a)**
k Money? They had **none!** **None** of us is perfect.	**NONE**	*Para referirse a «nada de eso, ningún (o) ninguna» en las frases afirmativas.* *Pronombre singular.*	**Nada de eso, ningún(o), ninguna**

PERSONAL PRONOUNS
LOS PRONOMBRES PERSONALES

PERSONAL PRONOUNS

Person	subject	*Pronombres personales con función de sujeto en español*	object	*Pronombres personales con función de complemento en español*
1st sing.	I	*Yo*	ME	*Me, mí, a mí*
2nd sing.	YOU	*Tú*	YOU	*Te, a ti*
3rd sing. masc.	HE	*Él*	HIM	*Le, lo, a él*
3rd sing. fem.	SHE	*Ella*	HER	*Le, la, a ella*
3rd sing. neut.	IT	*Ello, eso*	IT	*Lo*
1st plur.	WE	*Nosotros*	US	*Nos, a nosotros(as)*
2nd plur.	YOU	*Vosotros, ustedes*	YOU	*Les, a vosotros, a usted*
3rd plur.	THEY	*Ellos, ellas*	THEM	*Los, las, les, a ellos(as)*

Examples		
1er sing.	**I** own a bike.	The bike belongs to **me.**
2nd sing.	**You** drive a car.	The car belongs to **you**.
3rd sing. masc.	**He** (Bob) is playing with a ball.	Dad gave **him** the ball.
3rd sing. fem.	**She** (Julie) is wearing a dress.	The dress fits **her**.
3rd sing. neu.	**It**'s a maple sapling.	Let **it** grow.
1st plur.	**We** live in a house.	The house was built for **us**.
2nd plur.	**You** run a business.	It belongs to **you**.
3rd plur.	**They** like gardening.	It keeps **them** occupied.

NOTA: A menudo se utiliza "she" para referirse a "ship" (barco), "boat" (bote), "car" (carro, automóvil), "cat" (gato), de la misma manera que he o she se utilizan al designar animales familiares, sobre todo cuando los objetos o animales referidos tienen casi la misma importancia que una persona para quienes hablan de ellos.

POSSESSIVE ADJECTIVES AND PRONOUNS
LOS ADJETIVOS Y PRONOMBRES POSESIVOS

		POSSESSIVE*		
Person	Adjectives	*Adjetivos posesivos (antes de un sustantivo) en español*	Pronouns	*Pronombres posesivos en español*
1st sing.	**MY. . .**	*Mi, mis*	**MINE**	*Mío(a), míos(as), el mío, la.mía, los míos, las mías*
2nd sing.	**YOUR. . .**	*Tu, tus*	**YOURS**	*Tuyo(a), tuyos(as), el tuyo, la tuya, los tuyos, las tuyas*
3rd sing. masc.	**HIS. . .**	*Su, sus*	**HIS**	*Suyo(a), suyos(as), el suyo, la suya, los suyos, las suyas*
3rd sing. fem.	**HER. . .**	*Su, sus*	**HERS**	*Suyo(a), suyos(as), el suyo, la suya, los suyos, las suyas*
3rd sing. neut.	**ITS. . .**	*Su, sus*	**ITS**	*Suyo(a), suyos(as), el suyo, la suya, los suyos, las suyas*
1st plur.	**OUR. . .**	*Nuestro(a), nuestros(as)*	**OURS**	*Nuestro(a), nuestros(as), el(lo) nuestro, la nuestra, los nuestros, las nuestras*
2nd plur.	**YOUR. . .**	*Vuestro(a), vuestros(as), Su, sus*	**YOURS**	*Suyo(a), suyos(as), el suyo, la suya, los suyos, las suyas o vuestro(a), vuestros(as), el vuestro, la vuestra, los vuestros, las vuestras*
3rd plur.	**THEIR. . .**	*Su, sus*	**THEIRS**	*Suyo(a), suyos(as), el suyo, la suya, los suyos, las suyas*

* *Es importante señalar que en el inglés el adjetivo o el pronombre posesivos remiten siempre al sujeto que posee y no al objeto que se posee. Ejemplo: She is his daughter [Ella es su hija (de él)]. He is her son [Él es su hijo (de ella)].*

	Examples	
1st sing.	It's **my** bike.	It's **mine.**
2nd sing.	It's **your** car.	It's **yours.**
3rd sing. masc.	This is **his** ball.	The ball is **his.**
3rd sing. fem.	It's **her** favorite dress.	This dress is **hers.**
3rd sing. neut.	Care for **its** needs.	Our environment is **its** too.
1st plur.	This is **our** house.	This house is **ours.**
2nd plur.	It's **your** business.	**Yours** is profitable.
3rd plur.	It's **their** hobby.	This garden is **theirs.**

REFLEXIVE INDEFINITE AND RECIPROCAL PRONOUNS
LOS PRONOMBRES REFLEXIVOS, INDEFINIDOS Y RECÍPROCOS

	REFLEXIVE PRONOUNS			*LOS PRONOMBRES REFLEXIVOS*
Person	Reflexive	For emphasis	Pronouns	*Pronombres reflexivos en español*
1st sing.	I cut **myself.**	I saw it **myself.**	**MYSELF**	*Yo mismo, me, mí mismo*
2nd sing.	You're only fooling **yourself.**	You heard it **yourself.**	**YOURSELF**	*Te, ti, tú mismo*
3rd sing. masc.	He saw **himself.**	He **himself** came to the door.	**HIMSELF**	*Se, sí (mismo), él mismo*
3rd sing. fem.	She is proud of **herself.**	Patricia went there **herself.**	**HERSELF**	*Se, sí (misma), ella misma*
3rd sing. neut.	It grew by **itself.**	The story **itself** is special.	**ITSELF**	*Sí mismo, él mismo, ella misma, en sí mismo(a)*
1st plur.	We decided **ourselves.**	We'll take care of it **ourselves.**	**OUR- SELVES**	*Nos, nosotros(as) mismos(as)*
2nd plur.	Do it **yourselves!**	Behave **yourselves!**	**YOUR- SELVES**	*Se, vosotros(as) mismos(as), ustedes mismos(as)*
3rd plur.	They blamed **themselves.**	The Browns **themselves** will come.	**THEM- SELVES**	*Se, ellos(as) mismos(as)*

INDEFINITE PRONOUNS		*LOS PRONOMBRES INDEFINIDOS*	
Examples	Indefinite pronouns	*Forma de empleo*	*En español*
One must be careful when driving.	**ONE**	*Pronombre con función de sujeto o complemento.*	*Uno, se*
Helping **oneself** is the way to succeed.	**ONESELF**	*Pronombre reflexivo.*	*Se, sí, sí mismo, uno mismo, a uno mismo, a sí mismo*
It's easy to lose **one's** way in a foreign country.	**ONE'S**	*Forma posesiva.*	*Se, de uno*

RECIPROCAL PRONOUNS		*LOS PRONOMBRES RECÍPROCOS*	
Examples	Reciprocal pronouns	*Forma de empleo*	*En español*
Gary and Ginette blamed **each other** for their problems.	**EACH OTHER**	*Para dos personas.*	*Se, el uno al otro, mutuamente, entre sí, la una a la otra*
In our family, we help **one another.**	**ONE ANOTHER**	*Para más de dos personas.*	*Se, los unos a los otros, las unas a las otras*

NUMBERS
LOS NÚMEROS

Los NÚMEROS CARDINALES, que determinan la cantidad, y los NÚMEROS ORDINALES, que señalan el orden, pueden utilizarse solos, como PRONOMBRES, o antes de un sustantivo, como ADJETIVOS.

CARDINAL NUMBERS		ORDINAL NUMBERS	
0	Zero		
1	One	1st	First
2	Two	2nd	Second
3	Three	3rd	Third
4	Four	4th	Fourth
5	Five	5th	Fifth
6	Six	6th	Sixth
7	Seven	7th	Seventh
8	Eight	8th	Eighth
9	Nine	9th	Ninth
10	Ten	10th	Tenth
11	Eleven	11th	Eleventh
12	Twelve	12th	Twelfth
13	Thirteen	13th	Thirteenth
14	Fourteen	14th	Fourteenth
15	Fifteen	15th	Fifteenth
16	Sixteen	16th	Sixteenth
17	Seventeen	17th	Seventeenth
18	Eighteen	18th	Eighteenth
19	Nineteen	19th	Nineteenth
20	Twenty	20th	Twentieth
21	Twenty-one	21st	Twenty-first
22	Twenty-two	22nd	Twenty-second
23	Twenty-three	23rd	Twenty-third
24	Twenty-four	24th	Twenty-fourth
30	Thirty	30th	Thirtieth
40	Forty	40th	Fortieth
50	Fifty	50th	Fiftieth
60	Sixty	60th	Sixtieth
70	Seventy	70th	Seventieth
80	Eighty	80th	Eightieth
90	Ninety	90th	Ninetieth
100	One/a hundred	100th	Hundredth
1 000	One/a thousand	$1\,000^{th}$	Thousandth
1 000 000	One/a million	$1\,000\,000^{th}$	Millionth
1 000 000 000	One/a billion	$1\,000\,000\,000^{th}$	Billionth
140	One/a hundred and forty	140th	One hundred and fortieth
400	Four hundred	400th	Four hundredth
1 006	One/a thousand and six	$1\,006^{th}$	One thousand and sixth
6 127	Six thousand, one hundred and twenty-seven	$6\,127^{th}$	Six thousand, one hundred and twenty-seventh
7 000	Seven thousand	$7\,000^{th}$	Seven thousandth

MARKERS: KEY WORDS AND CONNECTIVE WORDS
LOS INDICADORES: LAS PALABRAS CLAVE Y LAS PALABRAS DE ENLACE

*Los **indicadores (las palabras clave** y **las palabras de enlace**) nos sirven para **unir** o para **precisar** las cosas, las ideas, los hechos o las circunstancias.*

*Ciertas **palabras clave** poseen un sentido propio en sí mismas y pueden utilizarse **solas** al principio de la frase o dentro de ella. Éstas son por lo general **adverbios.***

*Otras **palabras clave** deben colocarse **antes de otras palabras o expresiones** para precisar el sentido. Éstas son por lo general **preposiciones.***

*Las **palabras de enlace** sirven de **unión** entre palabras, grupos de palabras, oraciones y frases. Sitúan las ideas, los hechos, los enunciados o las acciones, **relacionándolos unos con otros**. Las palabras de enlace son por lo general **conjunciones.***

Place markers: *Los indicadores de lugar*	*Se encontrarán los principales **indicadores de lugar, de sitio** o **de destino** en las páginas, 32 y 33.*
Time markers: *Los indicadores de tiempo*	*Se encontrarán los principales **indicadores de tiempo** en las siguientes páginas:* ***El momento, la época** p. 34, 35, 36 y 37.* ***La duración, el intervalo,** p. 42 y 43.* ***La frecuencia,** p. 44 y 45.* ***La secuencia, el desarrollo,** p. 46 y 47.*
Markers of manner: *Los indicadores de manera*	*Se encontrarán los principales **indicadores de manera** o **de modo** en las páginas siguientes:* ***La manera,** p. 48 y 49.* ***El medio,** p. 48 y 49.* ***La apreciación, el grado,** p. 50 y 51.*
Markers of reason: *Los indicadores de razón*	*Se encontrarán los principales **indicadores de razón, causa** y **finalidad** en las páginas, 52 y 53.*

MARKERS: KEY WORDS AND CONNECTIVE WORDS
LOS INDICADORES: LAS PALABRAS CLAVE Y LAS PALABRAS DE ENLACE

MARKERS OF CONNECTION			LOS INDICADORES DE UNIÓN, DE RELACIÓN		
Key words (adverbs)			Las palabras clave (adverbios)		
Adverbs	En español	Adverbs	En español	Adverbs	En español
ALSO	Además	FOR INSTANCE	Por ejemplo	OTHERWISE	De otro modo, de lo contrario.
ANYHOW	De cualquier modo, de todos modos	HOWEVER	Sin embargo, no obstante	PERHAPS	Quizá, tal vez, acaso
ANYWAY	En cualquier caso, de cualquier modo, en todo caso	INDEED	En efecto	YET	Aun así, sin embargo
AS A MATTER OF FACT	En realidad, de hecho, a decir verdad	IN THIS WAY	De esta manera		
BESIDES	También	MAYBE	Tal vez, quizá		
BY ALL MEANS	Por supuesto	MOREOVER	Por otra parte, además, es más		
BY NO MEANS	De ninguna manera, de ningún modo	NEVERTHELESS	No obstante, sin embargo		

FORMA DE EMPLEO: Estos indicadores, que se utilizan muy a menudo al principio de la frase, establecen relación o unión con una idea ya emitida y sirven como vínculos de unión en la comunicación.

MARKERS: KEY WORDS AND CONNECTIVE WORDS
LOS INDICADORES: LAS PALABRAS CLAVE Y LAS PALABRAS DE ENLACE

MARKERS OF CONNECTION		LOS INDICADORES DE UNIÓN, DE RELACIÓN	
Connective words (conjunctions)		***Las palabras de enlace (conjunciones)***	
Examples	Conjunctions or conjunctive phrases	*Forma de empleo*	*En español*
John plays the piano; he **also** writes poetry.	**ALSO**		*También, igualmente*
She can read **and** listen to the radio at the same time.	**AND**		*y*
I own a French grammar and an English one **as well.**	**AS WELL**	*Ciertas conjunciones y locuciones conjuntivas establecen relación entre varias palabras, grupos de palabras o proposiciones.*	*Y también, y además*
Besides being talented, he was ambitious.	**BESIDES**		*Además de*
They have **both** the time **and** the money to travel around the world.	**BOTH. . .AND**		*A la vez. . . y, Tanto. . . como*
You can have **either** steak **or** seafood.	**EITHER. . .OR**		*O. . .o Ya sea. . . o*
He won't go and **neither** will she.	**NEITHER**		*Tampoco*
I like **neither** liver **nor** kidneys	**NEITHER. . . NOR**		*Ni. . . ni*
She didn't pay **nor** did he.	**NOR**		*Tampoco, ni. . .tampoco*

MARKERS: KEY WORDS AND CONNECTIVE WORDS
LOS INDICADORES: LAS PALABRAS CLAVE Y LAS PALABRAS DE ENLACE

MARKERS OF CONNECTION		*LOS INDICADORES DE UNIÓN, DE RELACIÓN*	
Connective words (conjunctions)		***Las palabras de enlace (conjunciones)***	
Examples	Conjunctions or conjunctive phrases	*Forma de empleo*	*En español*
I do**n't** like **either** liver **or** kidneys.	**NOT. . . EITHER . . .OR**	*Ciertas conjunciones y locuciones conjuntivas establecen una relación entre palabras, grupos de palabras o proposiciones.*	***Ni. . .ni***
He is **not only** funny **but also** smart.	**NOT ONLY. . .BUT ALSO**		***No sólo. . .sino también***
Sooner **or** later, you'll have to decide: are you with us **or** not.	**OR**		***O***
You're fed up and **so** am I.	**SO**		***También***
I ate dinner; my sister did **too.**	**TOO**		***También, de igual manera***
Without wanting to offend you, may I give you some advice?	**WITHOUT**		***Sin, sin que***
So you're dropping out, are you?	**SO**	*Otras establecen una relación de recordatorio o de deducción entre proposiciones o frases.*	***Así que***
Then you've made up your mind.	**THEN**		***Entonces***
The roads are slippery. **Therefore,** take it easy.	**THEREFORE**		***Por lo tanto, por consiguiente***
Thus it is up to us to succeed.	**THUS**		***Por consiguiente, por ello***

MARKERS: KEY WORDS AND CONNECTIVE WORDS
LOS INDICADORES: LAS PALABRAS CLAVE Y LAS PALABRAS DE ENLACE

MARKERS OF RESTRICTION, OPPOSITION, CONCESSION AND CONDITION		*LOS INDICADORES DE RESTRICCIÓN, DE OPOSICIÓN, DE CONCESIÓN Y DE CONDICIÓN*	
Key words (prepositions)		***Palabras clave (preposiciones)***	
Examples	Prepositions	*Forma de empleo*	*En español*
Everyone **but** me agreed. Anything **but** another exam!	**BUT**	*Antes de mencionar una restricción.*	***Excepto, salvo, menos***
Despite our objections, they decided to proceed.	**DESPITE**	*Antes de mencionar una oposición.*	***A pesar de, no obstante***
It satisfied everyone **except** our daughter.	**EXCEPT**	*Antes de mencionar una restricción.*	***Salvo, excepto***
In spite of everything, we got our way.	**IN SPITE OF**	*Antes de mencionar una oposición.*	***A pesar de,***
She solved all the riddles **save** one.	**SAVE**	*Antes de mencionar una restricción.*	***Excepto, menos, salvo***

MARKERS: KEY WORDS AND CONNECTIVE WORDS
LOS INDICADORES: LAS PALABRAS CLAVE Y LAS PALABRAS DE ENLACE

MARKERS OF RESTRICTION, OPPOSITION, CONCESSION AND CONDITION		*LOS INDICADORES DE RESTRICCIÓN, DE OPOSICIÓN, DE CONCESIÓN Y DE CONDICIÓN*	
Connective words (conjunctions)		***Las palabras de enlace (conjunciones)***	
Examples	Conjunctions or conjunctive phrases	*Forma de empleo*	*En español*
She listened to me, **although** she was very busy.	**ALTHOUGH**		***Aunque, aun cuando***
She was very busy, **but** she listened to me anyway.	**BUT**		***Pero***
She listened to me **even if/though** she was very busy.	**EVEN IF/ THOUGH**		***Aun cuando, aunque***
She was very busy; **however**, she listened to me.	**HOWEVER**		***Sin embargo, no obstante***
She listened to me **in spite of** being very busy.	**IN SPITE OF**	*Estas conjunciones o locuciones conjuntivas establecen una relación de oposición o de concesión entre proposiciones.*	***A pesar de que, no obstante que,***
She was very busy; **nevertheless** she listened to me.	**NEVERTHE-LESS**		***No obstante, sin embargo***
No matter how busy she was, she always listened to me.	**NO MATTER**		***Sin importar***
She must have cared for me, **or else** she wouldn't have listened to me.	**OR ELSE**		***O de otro modo, de no ser así***
She cared for me; **otherwise** she wouldn't have listened to me.	**OTHERWISE**		***O de otro modo, de no ser así***
She was very busy; **still**, she listened to me.	**STILL**		***Sin embargo***
She listened to me **though** she was very busy.	**THOUGH**		***Aunque, aun cuando***
She listened to me, **whereas** someone else wouldn't have.	**WHEREAS**		***Mientras que, en tanto que***
She was very busy **yet** she listened to me.	**YET**		***Sin embargo, pero***

MARKERS: KEY WORDS AND CONNECTIVE WORDS
LOS INDICADORES: LAS PALABRAS CLAVE Y LAS PALABRAS DE ENLACE

MARKERS OF RESTRICTION, OPPOSITION, CONCESSION AND CONDITION		*LOS INDICADORES DE RESTRICCIÓN, DE OPOSICIÓN, DE CONCESIÓN Y DE CONDICIÓN*	
Connective words (conjunctions)		***Palabras de enlace (conjunciones)***	
Examples	Conjunctions or conjunctive phrases	*Forma de empleo*	*En español*
As far as I'm concerned, you can do as you wish.	**AS FAR AS**		*Hasta donde*
We were all satisfied **but** you.	**BUT**		*Excepto, salvo, menos*
But for the weather, the party would have been perfect.	**BUT FOR**		*Con excepción de, salvo por, si no hubiera sido por*
Considering our hostess was so kind, there was no need for you to be rude.	**CONSIDERING**	*Estas conjunciones o locuciones establecen una relación de condición o de restricción entre palabras, grupos de palabras o proposiciones.*	*Dado que, considerando que*
Everything was enjoyable **except** the music.	**EXCEPT**		*Con excepción de, excepto por*
If you prefer to be alone, don't come to the party.	**IF**		*Si*
We'll give you our support **provided** you work hard.	**PROVIDED**		*A condición de que, con tal de que, siempre y cuando que*
Suppose you do fail, life will go on.	**SUPPOSE/ SUPPOSING**		*Suponiendo que, bajo el supuesto de que*
The situation isn't hopeless **unless** you give up.	**UNLESS**		*A menos que, a no ser que*

MARKERS: KEY WORDS AND CONNECTIVE WORDS
LOS INDICADORES: LAS PALABRAS CLAVE Y LAS PALABRAS DE ENLACE

MEASURE, RATIO AND PRICE MARKERS		*LOS INDICADORES DE MEDIDA, DE RAZÓN Y DE PRECIO*	
Key words (prepositions)		***Palabras clave (preposiciones)***	
Examples	Prepositions	*Forma de empleo*	*En español*
. . .**about** twenty/ten metres high/ two kilos/fifty dollars.	**ABOUT**	*Antes de mencionar una medida, un monto, una cantidad o un número.*	**Cerca de, aproximadamente, alrededor de**
To sell it **by** the kilo/the metre To play **by** the hour/the month	**BY**	*Antes de mencionar una medida.*	**Por**
. . .**down to** ten dollars/zero/one kilo.	**DOWN TO**	*Antes de mencionar una medida, un importe, una cantidad o un número.*	**. . .hasta (con sentido descendente)**
To sell/to buy **for** five dollars. To pay ten dollars **for** a book.	**FOR**	*Antes de mencionar un intercambio o un precio.*	**En, por**
Ten metres **in** height by five in length. One **in** a hundred.	**IN**	*Antes de mencionar una medida o una relación.*	**De, en**
. . .**per** annum/capita/cent/thour/ day/person.	**PER**	*Antes de mencionar una medida o una relación.*	**Por**
. . .**up to** twenty dollars/five kilos/ fifty.	**UP TO**	*Antes de mencionar una medida, un precio, una cantidad o un número.*	**. . .hasta (con sentido ascendente)**

MARKERS: KEY WORDS AND CONNECTIVE WORDS
LOS INDICADORES: LAS PALABRAS CLAVE Y LAS PALABRAS DE ENLACE

MARKERS OF COMPARISON		*LOS INDICADORES DE COMPARACIÓN*	
Key words (prepositions)		***Las palabras clave (preposiciones)***	
Examples	Prepositions	*Forma de empleo*	*En español*
To act **as** a friend/an enemy/a baby.	**AS**	*Antes de mencionar una comparación.*	**Como, en calidad de**
To look **like** somebody/a monster/a champion.	**LIKE**	*Antes de mencionar una comparación.*	**Como, parecido a**

Connective words (conjunctions)		***Las palabras clave (preposiciones)***	
Examples	Conjunctions or conjunctive phrases	*Forma de empleo*	*En español*
He's **as** brave **as** you (are).	**AS. . .AS**		***Tan. . .como***
She's **less** nervous **than** her brother (is).	**LESS. . .THAN**	*Establecen una relación de comparación entre palabras, grupos de palabras o proposiciones.*	***Menos. . .que***
Holidays are **more** exciting **than** school (is).	**MORE. . . THAN**		***Más. . .que***
I'm **no less** careful **than** I used to be.	**NO LESS. . . THAN**		***No menos. . .que***
He's **no more** business minded **than** she is.	**NO MORE. . . THAN**		***No más. . .que***

Connective words To compare circumstances:		***Las palabras de enlace*** *Para la comparación de circunstancias:*	
Examples	Conjunctions or conjunctive phrases	*Forma de empleo*	*En español*
They act **as if** they were alone in the world.	**AS IF**	*Estas conjunciones o locuciones conjuntivas establecen una relación de comparación de circunstancias entre proposiciones.*	***Como si***
You struggle **as though** your life were at stake.	**AS THOUGH**		***Como si***

MARKERS: KEY WORDS AND CONNECTIVE WORDS
LOS INDICADORES: LAS PALABRAS CLAVE Y LAS PALABRAS DE ENLACE

MARKERS «OF», «FOR» AND «TO»		*LOS INDICADORES* *«OF», «FOR» Y «TO»*	
Main uses of OF		***Los principales usos de OF***	
Examples	Prepositions	*Forma de empleo*	*En español*
A friend **of** mine. That coat **of** his.	OF	*Para expresar pertenencia.*	**Mío, tuyo, suyo**
The light **of** the moon.		*Para expresar origen, causa.*	**De, del, de la, de las, de los**
A person **of** good character.		*Para expresar una cualidad, una característica.*	**De**
A kilo **of** sugar.		*Para expresar una cantidad.*	**De**
To be sure **of** something.		*Para expresar un conocimiento, una información.*	**De**
A band **of** gold.		*Para indicar un material, una materia.*	**De**

Omission of the preposition FOR			*Omisión de la preposición FOR*		
Examples		*Antes de:*	*Cuando:*	*Después de los verbos:*	
He'll build a house for us.= He'll build us a house. I bought a book for Ann.= I bought Ann a book. She found a seat for Bill.= She found Bill a seat.		*Un complemento (de objeto) indirecto*	*El complemento (de objeto) directo no es pronombre. El complemento (de objeto) indirecto se coloca antes de él.*	**Book** *(inscribir, anotar)* **Build** *(construir, edificar)* **Buy** *(comprar)* **Fetch** *(ir a buscar)* **Find** *(encontrar)* **Get** *(obtener)* **Keep** *(guardar)* **Knit** *(tejer)* **Make** *(hacer)* **Order** *(ordenar)* **Reserve** *(reservar)*	

MARKERS: KEY WORDS AND CONNECTIVE WORDS
LOS INDICADORES: LAS PALABRAS CLAVE Y LAS PALABRAS DE ENLACE

MARKERS «OF», «FOR» AND «TO»	*LOS INDICADORES* *«OF», «FOR» Y «TO»*		
Omission of the preposition TO	***Omisión de la preparación TO***		
Examples	*Antes de:*	*Cuando:*	*Después de los verbos:*
I gave five dollars to her.= I gave her five dollars. He offered the job to Sarah.= He offered Sarah the job. I showed the watch to Gerry.= I showed Gerry the watch.	*Complemento (de objeto) indirecto o la persona a quien uno se dirige.*	*El complemento (de objeto) directo no es un pronombre. El complemento (de objeto) indirecto está colocado antes de él.*	**Bring** *(traer)* **Give** *(dar)* **Hand** *(dar la mano)* **Lend** *(prestar)* **Offer** *(ofrecer)* **Pass** *(pasar)* **Pay** *(pagar)* **Promise** *(prometer)* **Read** *(leer)* **Send** *(enviar)* **Show** *(mostrar)* **Sing** *(cantar)* **Take** *(tomar)* **Tell** *(decir, narrar)* **Throw** *(lanzar)* **Write** *(escribir)*
We cabled to the hotel.= We cabled the hotel. Tell me. Show us. Promise her. Ask the teacher.		*No hay complemento (de objeto) directo.*	**Ask** *(preguntar, pedir)* **Cable** *(cablegrafiar, mandar por cable)* **Promise** *(prometer)* **Tell** *(decir, narrar)* **Show** *(mostrar)* **Wire** *(telegrafiar)*
He asked us to wait. They told me to give up.		*El complemento (de objeto) indirecto va seguido de un infinitivo.*	*Los verbos de comunicación*

THE COMPARATIVE
LOS COMPARATIVOS

COMPARATIVE AND SUPERLATIVE OF ADVERBS			*EL COMPARATIVO Y EL SUPERLATIVO DE LOS ADVERBIOS*		
Comparisons with irregular adverbs			*Comparaciones con los adverbios irregulares*		
Adverbs	Comparative	Superlative	Adverbios	Comparativo	Superlativo
WELL	**BETTER** (THAN)	**THE BEST** (OF/IN)	*Bien*	*Mejor (que)*	*El mejor (de, en)*
BADLY	**WORSE** (THAN)	**THE WORST** (OF/IN)	*Mal*	*Peor (que)*	*El peor (de, en)*
LITTLE	**LESS** (THAN)	**THE LEAST** (OF/IN)	*Poco (cantidad)*	*Menos (que)*	*El menos (de, en)*
MUCH MANY	**MORE** (THAN)	**THE MOST** (OF/IN)	*Mucho, muchos*	*Más (que)*	*El más (de, en)*
FAR	**FARTHER** (THAN) **FURTHER** (THAN)	**THE FARTHEST** (OF/IN) **THE FURTHEST** (OF/IN)	*Lejos*	*Más lejos (que) (distancia) Más lejos (que) (distancia o tiempo)*	*El más lejano (de, en)*

WEIGHTS AND MEASURES
PESOS Y MEDIDAS

El sistema métrico decimal o Sistema Internacional de Unidades (SI) es a la vez simple y preciso. Se basa en el 10. Los prefijos son los mismos en inglés y en español:

MICRO = *UN MILLONÉSIMO,*   **MILLI** = *UN MILÉSIMO*   **CENTI** = *UN CENTÉSIMO,*   **DECI** = *UN DÉCIMO,*
MEGA = *UN MILLÓN,*   **KILO** = *MIL,*   **HECTO** = *CIEN,*   **DECA** = *DIEZ,*

*A continuación se encontrarán las **Medidas de Peso** («MASS»), **de Volumen (líquido)** («FLUID VOLUME»), de **Longitud** («LENGHTH») y de **TEMPERATURA** («TEMPERATURE»). Al final de las referencias se incluyen algunas conversiones del sistema **Inglés** (IMPERIAL) al sistema **MÉTRICO** y viceversa.*

INTERNATIONAL SYSTEM OF UNITS (SI)

Physical quantities	Measurement units	Metric symbols
Lenght	Metre	m(km, cm, mm)
Volume	Litre	l/L (cl, mL)
Mass (weight)	Gram	g (kg, cg, mg)
Temperature	Degree Celcius	°C

MASS (WEIGHT) (PESO)

Milligram(s)	Centigram(s)	Decigram(s)	Gram(s)	Kilogram(s)	Metric ton(s)	Imperial	
1						0.00004	OUNCE
10	1					0.0004	OUNCE
100	10	1				0.004	OUNCE
1000	100	10	1			0.04	OUNCE
			1000	1		2.20	POUNDS
				1000	1	2 204.6	POUNDS

Conversion (imperial into metric)
1 ounce=28.35 grams
1 pound (16 ounces)=454 grams
1 ton (2000 pounds)=907 kilograms

LIQUID CAPACITY/VOLUME (CAPACIDAD, VOLUMEN LÍQUIDO)

Mililitre(s)	Centilitre(s)	Decilitre(s)	Litre(s)	Imperial	
1				0.035	FLUID OUNCE
10	1			0.353	FLUID OUNCE
100	10	1		3.532	FLUID OUNCES
1000	100	10	1	35.32	FLUID OUNCES

Conversion (imperial & u.s. into metric)
1 fluid ounce = 28.35 millilitre(s)
1 imperial quart (40 fluid ounces)=1.14 litres
1 U.S. quart (33 fluid ounces)=0.95 litre
1 imperial gallon (160 fluid ounces)=4.54 litres
1 U.S. gallon (133 fluid ounces)=3.79 litres

WEIGHTS AND MEASURES
PESOS Y MEDIDAS

LENGHT *(LONGITUD)*

Millimetres	Centimetres	Decimetres	Metres	Kilometres	Imperial
1					0.04 OR 13/320 INCH
10	1				0.4 OR 13/32 INCH
100	10	1			3.94 OR 3 15/16 INCHES
1000	100	10	1		39.4 OR 39 3/8 INCHES
			1000	1	0.62 MILE

Conversion (imperial & u.s. into metric)

1 inch=25.4 millimetres
1 foot (12 inches)=30.5 centimetres
1 yard (3 feet or 36 inches)=0.91 metre
1 mile (5 280 feet)=1.6 kilometres

TEMPERATURE *(TEMPERATURA)*

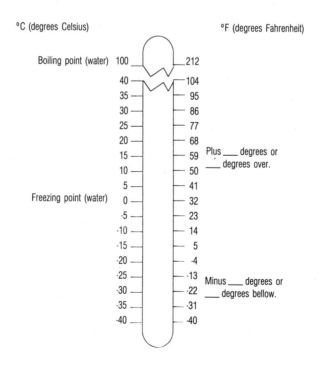

°C (degrees Celsius)   °F (degrees Fahrenheit)

	°C	°F	
Boiling point (water)	100	212	
	40	104	
	35	95	
	30	86	
	25	77	
	20	68	
	15	59	Plus ___ degrees or ___ degrees over.
	10	50	
	5	41	
Freezing point (water)	0	32	
	-5	23	
	-10	14	
	-15	5	
	-20	-4	
	-25	-13	Minus ___ degrees or ___ degrees bellow.
	-30	-22	
	-35	-31	
	-40	-40	

115

SECTION TWO
VERBS AND AUXILIARIES

SEGUNDA SECCIÓN
LOS VERBOS Y LOS AUXILIARES

VERB TENSES
LOS TIEMPOS VERBALES

THE PAST TENSE   *LOS TIEMPOS PASADOS*

La acción

a *Una acción **completamente pasada:*** I **saw** them arrive.

---

b *Una acción **que se desarrollaba en un momento determinado del pasado:*** We **were sleeping** when you phoned.

---

c *Una acción **pasada ligada con el presente:*** I**'ve lived** here for three years.

---

d *Una acción que **se desarrolla después de un cierto tiempo:*** She**'s been studying** Spanish for two years.

---

e *Una acción que **ya había tenido lugar antes de cierto momento del pasado:*** I **had completed** my work long before the deadline.

---

f *Una acción que **estuvo a punto de llevarse a cabo:*** We **were** just **going to leave.**
*Una acción que **se tuvo la intención de realizar:*** I **was going to** call you but the line was out of order.

VERB TENSES
LOS TIEMPOS VERBALES

THE PAST TENSE		LOS TIEMPOS PASADOS
Verb tenses	«To work» (regular verb), «to speak» (irregular verb)	Construcción
a SIMPLE PAST (conjugación p. 129)	I/you/he/she/it/we/they **worked** **spoke**	«Preterit» (pasado) del verbo en «ed». Véase el «preterit» de los verbos irregulares en la p. 174 y 175 (negación: **Did not, didn't work**).
b PAST CONTINUOUS/ PROGRESSIVE (conjugación p. 133)	I/he/she/it **was** **working** you/we/they **were** **speaking**	«Simple past» de «to be» (véase p. 131) y «present participle» del verbo en «ing» (véase p. 160). (negación: **was not, wasn't/were not, weren't working**).
c PRESENT PERFECT (conjugación p. 139)	I/you/we/they **have ('ve)** **worked** He/she/it **has ('s)** **spoken**	«Simple present» del auxiliar «to have» (véase p. 156) y «past participle» del verbo en «ed» (véase p. 161). Véase el «past participle» de los verbos irregulares en la p. 174 y 175 (negación: **Have not, haven't/has not, hasn't worked**).
d PRESENT PERFECT CONTINUOUS/ PROGRESSIVE (conjugación p. 137)	I/you/we/they **have ('ve) been** **working** he/she/it **has ('s) been** **speaking**	«Present perfect» de «to be» y «present participle» del verbo en «ing» (véase p. 160) (negación: **Have not, haven't/has not, hasn't been working**).
e PAST PERFECT (conjugación p. 139)	I/you/he/she/it/we/they **had** **worked** **spoken**	«Simple past» del auxiliar «to have» (véase p. 156) y «past participle» del verbo en «ed». Véase el «past participle» de los verbos irregulares en las páginas 174 y 175 (negación: **Had not, hadn't worked**).
f PAST INTENSIVE (conjugación p. 141)	I/he/she/it **was going to** **work** you/we/they **were going to** **speak**	«Past» de «to be going to» y forma básica del verbo. (negación: **was not, wasn't/were not, weren't going to work**).

VERB TENSES
LOS TIEMPOS VERBALES

THE PRESENT TENSE   *LOS TIEMPOS PRESENTES*

La acción

a *Una acción **rutinaria, habitual:*** He **plays** every day. I **go** to the movies once a week.
*Una acción **instintiva** (gustos, sentimientos, conocimiento, percepción):* She **likes** this music.

---

b *Una acción que **se desarrolla en el momento presente:*** I'm **cooking** and she 's **having** a bath.
*Un **proyecto a corto plazo:*** We 're **leaving** for Rome next week.

THE FUTURE TENSE   *LOS TIEMPOS FUTUROS*

La acción

a *Una acción **futuro simple:*** I'll **be** there soon and we'll **talk.**

---

b *Una acción que **está a punto de producirse:*** It's **going to rain.**
*Una acción que **se tiene la intención de realizar:*** I'm **going to improve**, believe me!

---

c *Una acción que **se desarrollará en determinado momento del futuro:*** We'll **be expecting** you at midnight.

---

d *Una acción que **tendrá lugar antes de un momento determinado en el futuro:*** I'll **have finished** this by next Monday.

VERB TENSES
LOS TIEMPOS VERBALES

THE PRESENT TENSE		*LOS TIEMPOS PRESENTES*
Verb tenses	To work	*Construcción*
a SIMPLE PRESENT (conjugación p. 123)	I/you/we/they **work** He/she/it **works**	*Forma básica del verbo, más «s» en la tercera persona del singular.* *(negación:* **don't work,** *tercera persona del singular:* **doesn't work***)*
b PRESENT CONTINUOUS/ PROGRESSIVE (conjugación p. 127)	I **am ('m) working** You/we/they **are ('re) working** He/she/it is **('s) working**	*«Simple present» de «to be» (véase p. 125) y «present participle» del verbo en «ing» (véase p. 160).* *(negación:* **am/are/is not working***)*

THE FUTURE TENSE		*LOS TIEMPOS FUTUROS*
Verb tenses	To work	*Construcción*
a SIMPLE FUTURE (conjugación p. 143)	I/you/he/she/it/we/they **will ('ll) work**	*El auxiliar «will» antes de la forma básica del verbo.* *(negación:* **will not, 'll not/won't work***)*
b FUTURE INTENSIVE (conjugación p. 145)	I **am going to work** you/we/they **are ('re) going to work** He/she/it **is ('s) going to work**	*«Present» de «to be going to» y la forma básica del verbo.* *(negación:* **Am not, 'm not/are not, 're not, aren't/is not, 's not, isn't going to work***)*
c FUTURE CONTINUOUS/ PROGRESSIVE (conjugación p. 147)	I/you/he/she/it/we/they **will ('ll) be working**	*«Simple future» de «to be» y «present participle» del verbo en «ing» (véase p. 160).* *(negación:* **Will not/won't be working***)*
d FUTURE PERFECT (conjugación p. 149)	I/you/he/she/it/we/they **will ('ll) have worked**	*«Simple future» de «to have» y «past participle» del verbo en «ed». Véase «past participle» de los verbos irregulares en las p. 174 y 175.* *(negación:* **Will not/won't have worked***)*

CONJUGATIONS
CONJUGACIONES

Questions
in the present tense

Preguntas en
tiempo presente

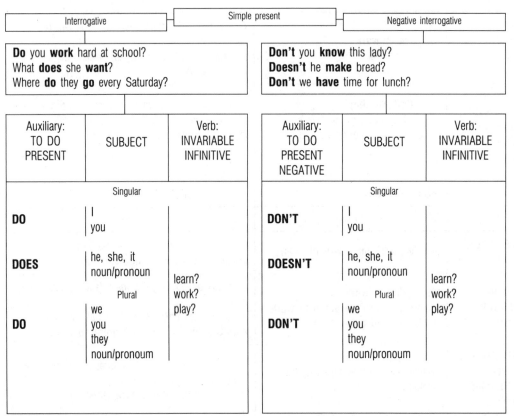

Interrogative		Simple present		Negative interrogative

Do you **work** hard at school?
What **does** she **want**?
Where **do** they **go** every Saturday?

Don't you **know** this lady?
Doesn't he **make** bread?
Don't we **have** time for lunch?

Auxiliary: TO DO PRESENT	SUBJECT	Verb: INVARIABLE INFINITIVE	Auxiliary: TO DO PRESENT NEGATIVE	SUBJECT	Verb: INVARIABLE INFINITIVE
Singular			Singular		
DO	I / you		**DON'T**	I / you	
DOES	he, she, it / noun/pronoun	learn? work? play?	**DOESN'T**	he, she, it / noun/pronoun	learn? work? play?
Plural			Plural		
DO	we / you / they / noun/pronoum		**DON'T**	we / you / they / noun/pronoum	

FORMA DE EMPLEO:
El «simple present» se utiliza para informarse acerca de acciones que tienen lugar (o no) en el presente inmediato o indefinido, así como para saber de acciones rutinarias o instintivas.

EQUIVALENTES EN ESPAÑOL:
—¿Aprendes? ¿Trabajas? ¿Juegas?
—¿No aprendes? ¿No trabajas? ¿No juegas?

CONJUGATIONS
CONJUGACIONES

**Statements
in the present tense**

*Enunciados en
tiempo presente*

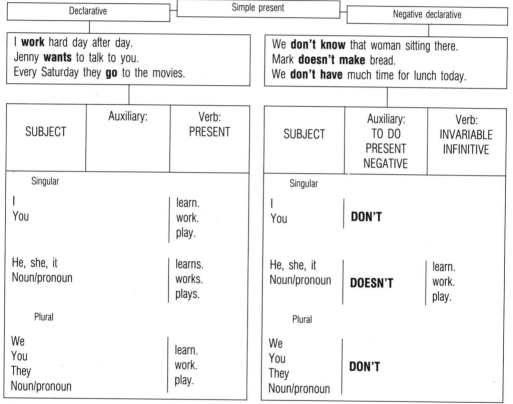

| | Declarative | | | Simple present | | | Negative declarative | |

Declarative / Simple present

I **work** hard day after day.
Jenny **wants** to talk to you.
Every Saturday they **go** to the movies.

Negative declarative

We **don't know** that woman sitting there.
Mark **doesn't make** bread.
We **don't have** much time for lunch today.

SUBJECT	Auxiliary:	Verb: PRESENT		SUBJECT	Auxiliary: TO DO PRESENT NEGATIVE	Verb: INVARIABLE INFINITIVE
Singular				*Singular*		
I		learn.		I		
You		work.		You	**DON'T**	
		play.				
He, she, it		learns.		He, she, it		learn.
Noun/pronoun		works.		Noun/pronoun	**DOESN'T**	work.
		plays.				play.
Plural				*Plural*		
We				We		
You		learn.		You		
They		work.		They	**DON'T**	
Noun/pronoun		play.		Noun/pronoun		

FORMA DE EMPLEO:
El «simple present» se utiliza para situar acciones que tienen lugar (o no) en el presente inmediato o indefinido, así como para situar acciones rutinarias o instintivas.

EQUIVALENTES EN ESPAÑOL:
—Yo aprendo, tú trabajas, él juega.
—Yo no aprendo, tú no trabajas, él no juega.

CONJUGATIONS
CONJUGACIONES

Questions
in the present tense

Preguntas en
tiempo presente

Interrogative	Simple present of "to be"	Negative interrogative

Am I late? Where **is** your brother? **Are** you proud of yourself?	**Aren't** you Melina's friend? Why **isn't** she happy? **Aren't** they your neighbors?

VERB: TO BE, PRESENT	SUBJECT	VERB: TO BE, PRESENT NEGATIVE	SUBJECT
	Singular		Singular
AM	I	**AM**	I **NOT**
ARE	you	**AREN'T**	you
IS	he, she, it noun/pronoun	**ISN'T**	he, she, it noun/pronoun
	Plural		Plural
ARE	we you they noun/pronoun	**AREN'T**	we you they noun/pronoun

FORMA DE EMPLEO:
El «simple present» se utiliza para informarse de lo que ocurre (o no) en el presente inmediato o indefinido.

EQUIVALENTES EN ESPAÑOL:
—*¿Estás tú. . . ? ¿Estás. . . ?*
—*¿No estás tú? ¿No estás?*

CONJUGATIONS
CONJUGACIONES

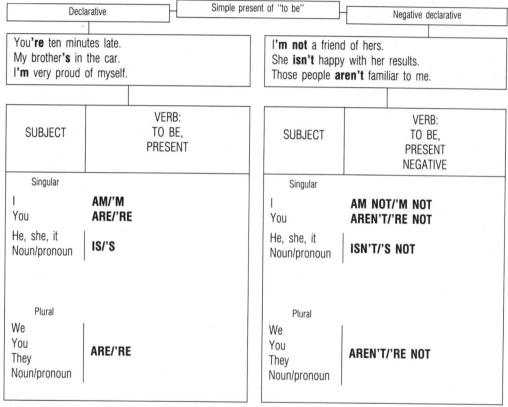

**Statements
in the present tense**

***Enunciados en
tiempo presente***

Declarative	Simple present of "to be"	Negative declarative

You**'re** ten minutes late.
My brother**'s** in the car.
I**'m** very proud of myself.

I**'m not** a friend of hers.
She **isn't** happy with her results.
Those people **aren't** familiar to me.

SUBJECT	VERB: TO BE, PRESENT	SUBJECT	VERB: TO BE, PRESENT NEGATIVE
Singular I You	**AM/'M** **ARE/'RE**	Singular I You	**AM NOT/'M NOT** **AREN'T/'RE NOT**
He, she, it Noun/pronoun	**IS/'S**	He, she, it Noun/pronoun	**ISN'T/'S NOT**
Plural We You They Noun/pronoun	**ARE/'RE**	Plural We You They Noun/pronoun	**AREN'T/'RE NOT**

FORMA DE EMPLEO:
El «simple present» se utiliza para situar lo que sucede (o no) en el presente inmediato o indefinido.

EQUIVALENTES EN ESPAÑOL:
—Yo estoy (soy). . . ; tú estás (eres). . . ; ella está (es). . .
—Yo no estoy (soy). . . ; tú no estás (eres). . . ; ella no está (es). . .

CONJUGATIONS
CONJUGACIONES

Questions in the present tense	*Preguntas en tiempo presente*

Interrogative	Present continuous/progressive	Negative interrogative

What **are** you **doing**? What**'s going on** here? **Is** she **reading** or **sleeping**?	**Isn't** it **snowing**, John? **Aren't** you **driving** a little fast? **Isn't** he **getting** better?

Auxiliary: TO BE, PRESENT	SUBJECT	Verb: ENDING IN **-ING** (PRESENT PARTICIPLE)	Auxiliary: TO BE, PRESENT NEGATIVE	SUBJECT	Verb: ENDING IN **-ING** (PRESENT PARTICIPLE)
	Singular			Singular	
AM	I		**AM**	I · **NOT**	
ARE	you		**AREN'T**	you	
IS	he, she, it noun/pronoun	learn**ing**? work**ing**? play**ing**?	**ISN'T**	he, she, it noun/pronoun	learn**ing**? work**ing**? play**ing**?
	Plural			Plural	
ARE	we you they noun/pronoun		**AREN'T**	we you they noun/pronoun	

FORMA DE EMPLEO:
El «present continuous/progressive» se utiliza para informarse acerca de acciones que están (o no) desarrollándose en el momento presente o en el momento en que se habla; de ahí la idea de «continuous» (que continúa) y «progressive» (en progresión).

EQUIVALENTES EN ESPAÑOL:
—¿Estás aprendiendo, trabajando, jugando?
—¿No estás aprendiendo, trabajando, jugando?

CONJUGATIONS
CONJUGACIONES

Statements
in the present tense

Enunciados en
tiempo presente

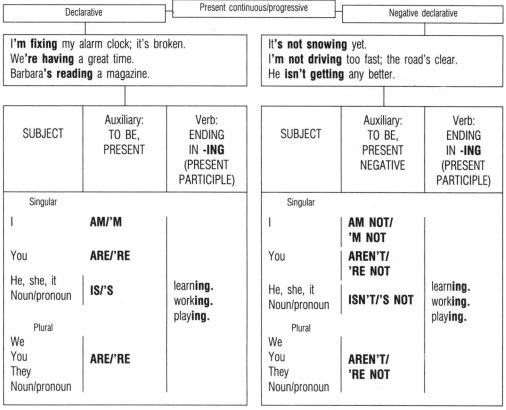

| Declarative | Present continuous/progressive | Negative declarative |

Declarative

I**'m fixing** my alarm clock; it's broken.
We**'re having** a great time.
Barbara**'s reading** a magazine.

Negative declarative

It**'s not snowing** yet.
I**'m not driving** too fast; the road's clear.
He **isn't getting** any better.

SUBJECT	Auxiliary: TO BE, PRESENT	Verb: ENDING IN -ING (PRESENT PARTICIPLE)	SUBJECT	Auxiliary: TO BE, PRESENT NEGATIVE	Verb: ENDING IN -ING (PRESENT PARTICIPLE)
Singular			*Singular*		
I	**AM/'M**		I	**AM NOT/ 'M NOT**	
You	**ARE/'RE**		You	**AREN'T/ 'RE NOT**	
He, she, it Noun/pronoun	**IS/'S**	learn**ing**. work**ing**. play**ing**.	He, she, it Noun/pronoun	**ISN'T/'S NOT**	learn**ing**. work**ing**. play**ing**.
Plural			*Plural*		
We You They Noun/pronoun	**ARE/'RE**		We You They Noun/pronoun	**AREN'T/ 'RE NOT**	

FORMA DE EMPLEO:
El «present continuous/progressive» se utiliza para situar acciones que están (o no) desarrollándose en el momento presente o en el momento en que se habla; de ahí la idea de «continuous» (que continúa) y «progressive» (en progresión).

EQUIVALENTES EN ESPAÑOL:
—Estoy aprendiendo. . . , ella está jugando. . .
—No estoy trabajando. . .

CONJUGATIONS
CONJUGACIONES

**Questions
in the past tense**

**Preguntas en
tiempo pasado**

Interrogative	Simple past	Negative interrogative

Did you **arrive** on time? When **did** Paul **join** you? Why **did** those people **come** here?	**Didn't** you **tell** them to hurry? Why **didn't** she **phone** us yesterday? **Didn't** they **read** the instructions?

Auxiliary: TO DO, PAST	SUBJECT	Verb: INVARIABLE INFINITIVE	Auxiliary: TO DO, PAST NEGATIVE	SUBJECT	Verb: INVARIABLE INFINITIVE
DID	Singular I you he, she, it noun/pronoun Plural we you they noun/pronoun	learn? work? play?	**DIDN'T**	Singular I you he, she, it noun/pronoun Plural we you they noun/pronoun	learn? work? play?

FORMA DE EMPLEO:
El «simple past» se utiliza para informarse de acciones que tienen lugar (o no) en un momento preciso del pasado reciente o lejano.

EQUIVALENTES EN ESPAÑOL:
—¿Has aprendido, trabajado, jugado?
—¿No has aprendido, trabajado, jugado?

CONJUGATIONS
CONJUGACIONES

**Statements
in the past tense**

***Enunciados en
tiempo pasado***

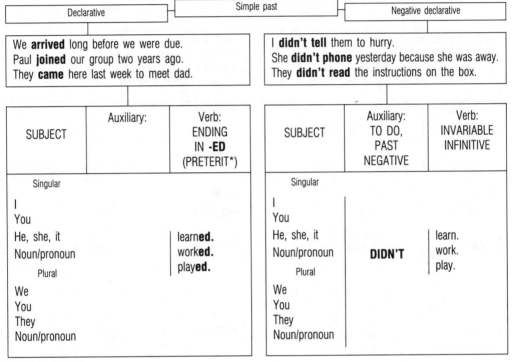

Declarative	Simple past	Negative declarative

We **arrived** long before we were due.
Paul **joined** our group two years ago.
They **came** here last week to meet dad.

I **didn't tell** them to hurry.
She **didn't phone** yesterday because she was away.
They **didn't read** the instructions on the box.

SUBJECT	Auxiliary:	Verb: ENDING IN **-ED** (PRETERIT*)
Singular		
I		
You		
He, she, it		learn**ed.**
Noun/pronoun		work**ed.**
Plural		play**ed.**
We		
You		
They		
Noun/pronoun		

SUBJECT	Auxiliary: TO DO, PAST NEGATIVE	Verb: INVARIABLE INFINITIVE
Singular		
I		
You		
He, she, it		learn.
Noun/pronoun	**DIDN'T**	work.
Plural		play.
We		
You		
They		
Noun/pronoun		

FORMA DE EMPLEO:
El «simple past» se utiliza para situar acciones que tienen lugar (o no) en un momento preciso del pasado reciente o lejano.

EQUIVALENTES EN ESPAÑOL:
—Yo he aprendido, tú has trabajado, ella ha jugado.
—Yo no he aprendido, tú no has trabajado, ella no ha jugado.

*Véase el «preterit» (pretérito) de los verbos irregulares en el cuadro Los verbos irregulares, p. 174 y 175.

CONJUGATIONS
CONJUGACIONES

**Questions
in the past tense**   ***Preguntas en
tiempo pasado***

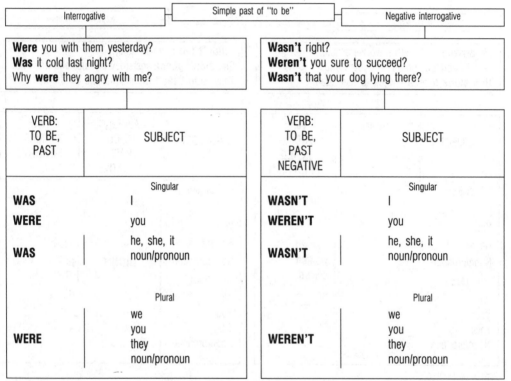

| Interrogative | Simple past of "to be" | Negative interrogative |

Were you with them yesterday?
Was it cold last night?
Why **were** they angry with me?

Wasn't right?
Weren't you sure to succeed?
Wasn't that your dog lying there?

VERB: TO BE, PAST	SUBJECT	VERB: TO BE, PAST NEGATIVE	SUBJECT
	Singular		Singular
WAS	I	**WASN'T**	I
WERE	you	**WEREN'T**	you
WAS	he, she, it noun/pronoun	**WASN'T**	he, she, it noun/pronoun
	Plural		Plural
WERE	we you they noun/pronoun	**WEREN'T**	we you they noun/pronoun

FORMA DE EMPLEO:
El «simple past» se utiliza para informarse de lo que sucedía (o no) en un momento preciso del pasado reciente o lejano.
EQUIVALENTES EN ESPAÑOL:
—¿Estabas...?
—¿No estabas...?

CONJUGATIONS
CONJUGACIONES

**Statements
in the past tense**

***Enunciados en
tiempo pasado***

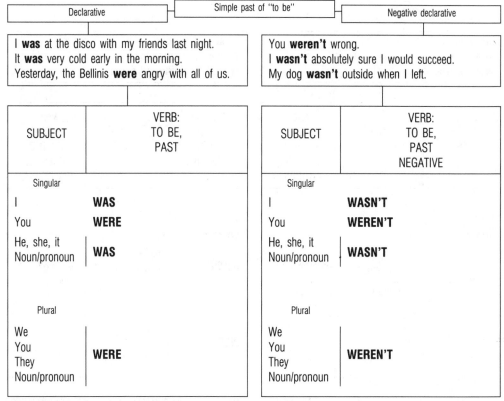

Declarative	Simple past of "to be"	Negative declarative
I **was** at the disco with my friends last night. It **was** very cold early in the morning. Yesterday, the Bellinis **were** angry with all of us.		You **weren't** wrong. I **wasn't** absolutely sure I would succeed. My dog **wasn't** outside when I left.

SUBJECT	VERB: TO BE, PAST	SUBJECT	VERB: TO BE, PAST NEGATIVE
Singular		Singular	
I	**WAS**	I	**WASN'T**
You	**WERE**	You	**WEREN'T**
He, she, it Noun/pronoun	**WAS**	He, she, it Noun/pronoun	**WASN'T**
Plural		Plural	
We You They Noun/pronoun	**WERE**	We You They Noun/pronoun	**WEREN'T**

FORMA DE EMPLEO:
El «simple past» se utiliza para situar lo que sucedía (o no) en un momento preciso del pasado reciente o lejano.

EQUIVALENTES EN ESPAÑOL:
—Yo estaba (era). . . ; tú estabas (eras). . . ; él estaba (era). . . ; ella estaba (era). . .
—Yo no estaba (era). . . ; tú no estabas (eras). . . ; él no estaba (era). . . ; ella no estaba (era). . .

CONJUGATIONS
CONJUGACIONES

**Questions
in the past tense**

***Preguntas en
tiempo pasado***

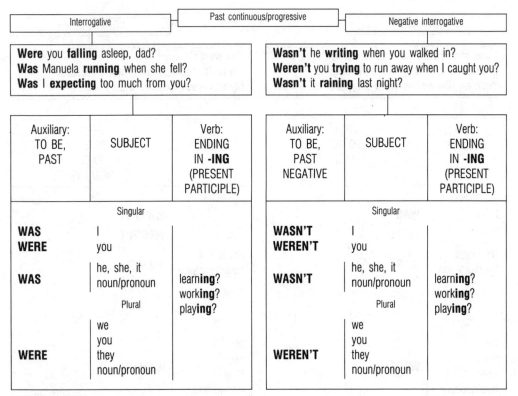

Interrogative	Past continuous/progressive	Negative interrogative

Were you **falling** asleep, dad?		**Wasn't** he **writing** when you walked in?
Was Manuela **running** when she fell?		**Weren't** you **trying** to run away when I caught you?
Was I **expecting** too much from you?		**Wasn't** it **raining** last night?

Auxiliary: TO BE, PAST	SUBJECT	Verb: ENDING IN **-ING** (PRESENT PARTICIPLE)	Auxiliary: TO BE, PAST NEGATIVE	SUBJECT	Verb: ENDING IN **-ING** (PRESENT PARTICIPLE)
	Singular			Singular	
WAS **WERE**	I you		**WASN'T** **WEREN'T**	I you	
WAS	he, she, it noun/pronoun	learn**ing**? work**ing**? play**ing**?	**WASN'T**	he, she, it noun/pronoun	learn**ing**? work**ing**? play**ing**?
	Plural			Plural	
WERE	we you they noun/pronoun		**WEREN'T**	we you they noun/pronoun	

FORMA DE EMPLEO:

El «past continuous/progressive» se utiliza para informarse acerca de acciones que estaban desarrollando (o no) en un momento determinado del pasado; de ahí la idea de «continuous» (que continúa) y de «progressive» (en progresión).

EQUIVALENTES EN ESPAÑOL:
—¿Estabas trabajando. . .? ¿Trabajabas?
—¿No estabas trabajando. . .? ¿No trabajabas?

CONJUGATIONS
CONJUGACIONES

**Statements
in the past tense**

***Enunciados en
tiempo pasado***

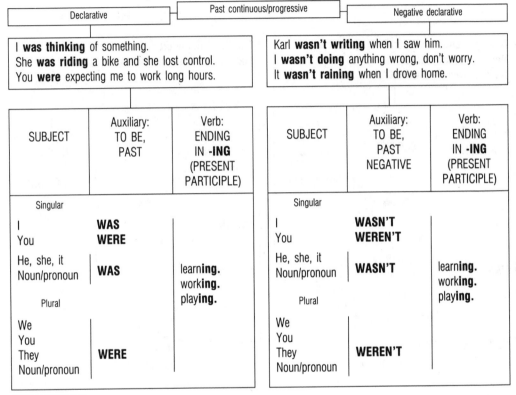

| Declarative | | | Past continuous/progressive | Negative declarative | | |

I **was thinking** of something.
She **was riding** a bike and she lost control.
You **were** expecting me to work long hours.

Karl **wasn't writing** when I saw him.
I **wasn't doing** anything wrong, don't worry.
It **wasn't raining** when I drove home.

SUBJECT	Auxiliary: TO BE, PAST	Verb: ENDING IN **-ING** (PRESENT PARTICIPLE)	SUBJECT	Auxiliary: TO BE, PAST NEGATIVE	Verb: ENDING IN **-ING** (PRESENT PARTICIPLE)
Singular			*Singular*		
I	**WAS**		I	**WASN'T**	
You	**WERE**		You	**WEREN'T**	
He, she, it Noun/pronoun	**WAS**	learn**ing**. work**ing**. play**ing**.	He, she, it Noun/pronoun	**WASN'T**	learn**ing**. work**ing**. play**ing**.
Plural			*Plural*		
We You They Noun/pronoun	**WERE**		We You They Noun/pronoun	**WEREN'T**	

FORMA DE EMPLEO:
El «past continuous/progressive» se utiliza para situar acciones que se estaban desarrollando (o no) en un momento determinado y en un tiempo pasado, de ahí la idea de «continuous» (que continúa) y de «progressive» (en progresión).

EQUIVALENTES EN ESPAÑOL:
—Yo estaba trabajando. . . , tú jugabas. . . ,
—Él no estaba aprendiendo. . . , ella no jugaba. . .

CONJUGATIONS
CONJUGACIONES

**Questions
in the past tense**   ***Preguntas en
tiempo pasado***

Interrogative	Present perfect	Negative interrogative

Have you **done** your work? **Has** he **worked** well? **Have** they nearly **finished**?	**Haven't** I **completed** the exercise? **Hasn't** she **filled** out the application form?

Auxiliary: TO HAVE, PRESENT	SUBJECT	Verb: ENDING IN **-ED** (PAST PARTICIPLE)*	Auxiliary: TO HAVE, PRESENT NEGATIVE	SUBJECT	Verb: ENDING IN **-ED** (PAST PARTICIPLE)*
	Singular			Singular	
HAVE	I you		**HAVEN'T**	I you	
HAS	he, she, it noun/pronoun	learn**ed**? work**ed**? play**ed**?	**HASN'T**	he, she, it noun/pronoun	learn**ed**? work**ed**? play**ed**?
	Plural			Plural	
HAVE	we you they noun/pronoun		**HAVEN'T**	we you they noun/pronoun	

FORMA DE EMPLEO:
El «present perfect» se utiliza para informarse acerca de acciones que han tenido lugar (o no) en un pasado reciente y que se acaban de terminar, que están a punto de terminarse o que aún están transcurriendo en el momento presente.

EQUIVALENTES EN ESPAÑOL:
—¿Has aprendido, trabajado, jugado...?
—¿No has aprendido, trabajado, jugado...?

*Véase el «past participle» (participio pasado) de los verbos irregulares en el cuadro Los verbos irregulares, p. 174 y 175.

CONJUGATIONS
CONJUGACIONES

**Statements
in the past tense**

**Enunciados en
tiempo pasado**

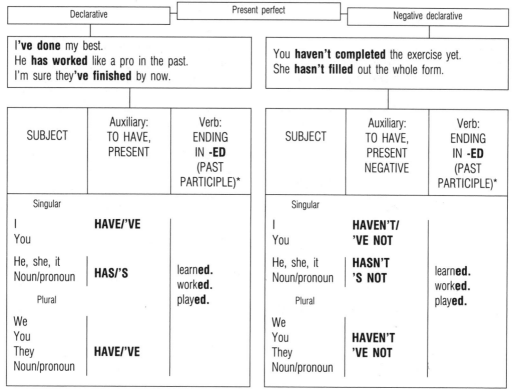

Declarative	Present perfect	Negative declarative

I**'ve done** my best.
He **has worked** like a pro in the past.
I'm sure they**'ve finished** by now.

You **haven't completed** the exercise yet.
She **hasn't filled** out the whole form.

SUBJECT	Auxiliary: TO HAVE, PRESENT	Verb: ENDING IN **-ED** (PAST PARTICIPLE)*	SUBJECT	Auxiliary: TO HAVE, PRESENT NEGATIVE	Verb: ENDING IN **-ED** (PAST PARTICIPLE)*
Singular			Singular		
I You	**HAVE/'VE**		I You	**HAVEN'T/ 'VE NOT**	
He, she, it Noun/pronoun	**HAS/'S**	learn**ed.** work**ed.** play**ed.**	He, she, it Noun/pronoun	**HASN'T 'S NOT**	learn**ed.** work**ed.** play**ed.**
Plural			Plural		
We You They Noun/pronoun	**HAVE/'VE**		We You They Noun/pronoun	**HAVEN'T 'VE NOT**	

FORMA DE EMPLEO:

El «present perfect» se emplea para situar acciones que han tenido lugar (o no) en un pasado reciente y que se acaban de terminar, que están a punto de terminarse, o que aún están transcurriendo en el momento presente.

EQUIVALENTES EN ESPAÑOL:

—Yo he aprendido. . . , tú has trabajado. . . , ella ha jugado. . .

—Yo no he aprendido. . . , tú no has trabajado. . . , él no ha jugado. . .

*Para el «past participle» (participio pasado) de los verbos irregulares, véase el cuadro Los verbos irregulares, p. 174 y 175.

CONJUGATIONS
CONJUGACIONES

**Questions
in the past tense**

***Preguntas en
tiempo pasado***

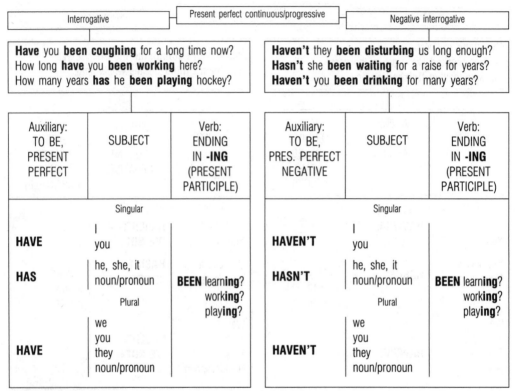

Interrogative	Present perfect continuous/progressive	Negative interrogative

Have you **been coughing** for a long time now?
How long **have** you **been working** here?
How many years **has** he **been playing** hockey?

Haven't they **been disturbing** us long enough?
Hasn't she **been waiting** for a raise for years?
Haven't you **been drinking** for many years?

Auxiliary: TO BE, PRESENT PERFECT	SUBJECT	Verb: ENDING IN **-ING** (PRESENT PARTICIPLE)	Auxiliary: TO BE, PRES. PERFECT NEGATIVE	SUBJECT	Verb: ENDING IN **-ING** (PRESENT PARTICIPLE)
	Singular			Singular	
HAVE	I you		**HAVEN'T**	I you	
HAS	he, she, it noun/pronoun	**BEEN** learn**ing**? work**ing**? play**ing**?	**HASN'T**	he, she, it noun/pronoun	**BEEN** learn**ing**? work**ing**? play**ing**?
	Plural			Plural	
HAVE	we you they noun/pronoun		**HAVEN'T**	we you they noun/pronoun	

FORMA DE EMPLEO:
El «present perfect continuous/progressive» se utiliza para informarse acerca de acciones que han empezado (o no) a desarrollarse en el pasado y que prosiguen todavía en el presente.

EQUIVALENTES EN ESPAÑOL:
—¿Has aprendido, trabajado, jugado... (hasta ahora)?
—¿No has aprendido, trabajado, jugado... (hasta ahora)?

CONJUGATIONS
CONJUGACIONES

**Statements
in the past tense**

***Enunciados en
tiempo pasado***

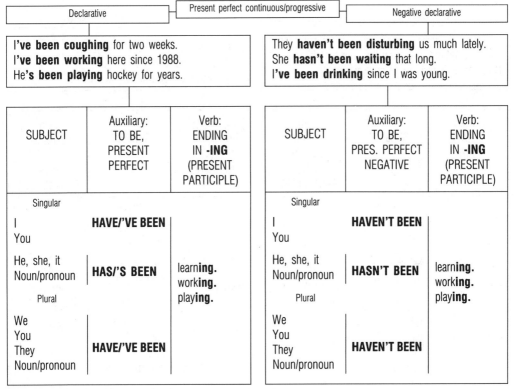

Declarative			Present perfect continuous/progressive	Negative declarative		

I've been coughing for two weeks.
I've been working here since 1988.
He**'s been playing** hockey for years.

They **haven't been disturbing** us much lately.
She **hasn't been waiting** that long.
I've been drinking since I was young.

SUBJECT	Auxiliary: TO BE, PRESENT PERFECT	Verb: ENDING IN **-ING** (PRESENT PARTICIPLE)	SUBJECT	Auxiliary: TO BE, PRES. PERFECT NEGATIVE	Verb: ENDING IN **-ING** (PRESENT PARTICIPLE)
Singular			*Singular*		
I You	**HAVE/'VE BEEN**		I You	**HAVEN'T BEEN**	
He, she, it Noun/pronoun	**HAS/'S BEEN**	learn**ing**. work**ing**. play**ing**.	He, she, it Noun/pronoun	**HASN'T BEEN**	learn**ing**. work**ing**. play**ing**.
Plural			*Plural*		
We You They Noun/pronoun	**HAVE/'VE BEEN**		We You They Noun/pronoun	**HAVEN'T BEEN**	

FORMA DE EMPLEO:
El «present perfect continuous/progressive» se utiliza para situar acciones que han empezado (o no) a desarrollarse en el pasado y que prosiguen todavía en el presente.

EQUIVALENTES EN ESPAÑOL:
—Yo he trabajado..., tú has jugado..., ella ha aprendido... (hasta ahora).
—Yo no he jugado..., tú no has trabajado..., él no ha aprendido... (hasta ahora).

CONJUGATIONS
CONJUGACIONES

Questions in the past tense

Preguntas en tiempo pasado

Interrogative	Past perfect	Negative interrogative

Had you **talked** to him by the time he left?
Had she **allowed** you to drive her car?

Hadn't we **warned** you not to yell?
Hadn't you **missed** your friend?
Why **hadn't** we **bought** a new car?

Auxiliary: TO HAVE, PAST	SUBJECT	Verb: ENDING IN -ED (PAST PARTICIPLE)*	Auxiliary: TO HAVE, PAST NEGATIVE	SUBJECT	Verb: ENDING IN -ED (PAST PARTICIPLE)*
	Singular			Singular	
HAD	I you he, she, it noun/pronoun Plural we you they noun/pronoun	learn**ed**? work**ed**? play**ed**?	**HADN'T**	I you he, she, it noun/pronoun Plural we you they noun/pronoun	learn**ed**? work**ed**? play**ed**?

FORMA DE EMPLEO:
El «past perfect» se utiliza para informarse acerca de acciones que ya habían tenido lugar (o no) antes de un momento determinado en el pasado.

EQUIVALENTES EN ESPAÑOL:
—¿Habías aprendido, trabajado, jugado...?
—¿No habías aprendido, trabajado, jugado...?

*Véase el «past participle» (participio pasado) de los verbos irregulares en el cuadro Los verbos irregulares, p. 174 y 175.

CONJUGATIONS
CONJUGACIONES

Statements in the past

Enunciados en tiempo pasado

Declarative	Past perfect	Negative declarative

I **had talked** to Bob before he left. Mom **had allowed** me to drive her car that day.	You **hadn't warned** me not to yell. I **hadn't missed** him too much until I heard his voice. We **hadn't bought** a new car because the old one was still good.

SUBJECT	Auxiliary: TO HAVE, PAST	Verb: ENDING IN -**ED** (PAST PARTICIPLE)*	SUBJECT	Auxiliary: TO HAVE, PAST NEGATIVE	Verb: ENDING IN -**ED** (PAST PARTICIPLE)*
Singular I You He, she, it Noun/pronoun Plural We You They Noun/pronoun	**HAD**	learn**ed**. work**ed**. play**ed**.	Singular I You He, she, it Noun/pronoun Plural We You They Noun/pronoun	**HADN'T**	learn**ed**. work**ed**. play**ed**.

FORMA DE EMPLEO:
El «past perfect» se utiliza para situar acciones que ya habían tenido lugar (o no) antes de un cierto momento en el pasado.

EQUIVALENTES EN ESPAÑOL:
—Yo había aprendido. . . ; tú habías jugado. . . ; ella había trabajado. . . ,
—Yo no había jugado. . . ; tú no habías aprendido. . . ; él no había trabajado. . . ,

*Véase el «past participle» (participio pasado) de los verbos irregulares en el cuadro Los verbos irregulares, p. 174 y 175.

CONJUGATIONS
CONJUGACIONES

Questions in the past	*Preguntas en tiempo pasado*

Interrogative	Past intensive	Negative interrogative

Were you **going to leave** when I phoned? **Was** he **going to tell** you the truth? **Were** they **going to get** into trouble?	**Wasn't** she **going to move** out of town? **Weren't** you **going to make** your beds?

Auxiliary: TO BE GOING TO, PAST	SUBJECT	Verb: INVARIABLE INFINITIVE	Auxiliary: TO BE GOING TO, PAST NEGATIVE	SUBJECT	Verb: INVARIABLE INFINITIVE
Singular			Singular		
WAS **WERE**	I you		**WASN'T** **WEREN'T**	I you	
WAS	he, she, it noun/pronoun	**GOING TO** ├─ learn? ├─ work? └─ play?	**WASN'T**	he, she, it noun/pronoun	**GOING TO** ├─ learn? ├─ work? └─ play?
	Plural			Plural	
WERE	we you they noun/pronoun		**WEREN'T**	we you they noun/pronoun	

FORMA DE EMPLEO:
El «past intensive» se utiliza para informarse acerca de acciones que estuvieron (o no) a punto de producirse o que se tuvo (o no) la intención de realizar en un cierto momento en el pasado.

EQUIVALENTES EN ESPAÑOL:
—¿Estuviste a punto de aprender...? ¿Ibas a aprender...?
—¿No estuviste a punto de aprender...? ¿No ibas a aprender...?

CONJUGATIONS
CONJUGACIONES

**Statements
in the past**

***Enunciados en
tiempo pasado***

Declarative	Past intensive	Negative declarative

I **was going to eat lunch** when the phone rang. Peter **was going to lie** to me. They **were going to,** but they didn't get caught.	She **wasn't going to quit** her job. We **weren't going to make** our beds until later.

SUBJECT	Auxiliary: TO BE GOING TO, PAST	Verb: INVARIABLE INFINITIVE
Singular		
I You	**WAS** **WERE**	
He, she, it Noun/pronoun	**WAS**	
Plural		**GOING TO**
We You They Noun/pronoun	**WERE**	— learn. — work. — play.

SUBJECT	Auxiliary: TO BE GOING TO, PAST NEGATIVE	Verb: INVARIABLE INFINITIVE
Singular		
I You	**WASN'T** **WEREN'T**	
He, she, it Noun/pronoun	**WASN'T**	
Plural		**GOING TO**
We You They Noun/pronoun	**WEREN'T**	— learn. — work. — play.

FORMA DE EMPLEO:
El «past intensive» se utiliza para situar aquellas acciones que estuvieron (o no) a punto de producirse o que se tuvo (o no) la intención de realizar en un cierto momento en el pasado.

EQUIVALENTES EN ESPAÑOL:
—Yo estuve a punto de aprender. . . , de trabajar. . . , de jugar. . .
—Yo no estuve a punto de aprender. . . , de trabajar. . . , de jugar. . .

CONJUGATIONS
CONJUGACIONES

Questions in the future

Preguntas en tiempo futuro

Interrogative	Simple future	Negative interrogative

Will you **be** the last one in? When **will** Cathy **bring** her books back? **Will** we **get** our money soon?	**Won't** you **see** him tomorrow? **Won't** he **answer** her question later? **Won't** they **take** us to the airport?

Auxiliary: WILL	SUBJECT	Verb: INVARIABLE INFINITIVE	Auxiliary: WON'T*	SUBJECT	Verb: INVARIABLE INFINITIVE
WILL	Singular I you he, she, it noun/pronoun Plural we you they noun/pronoun	learn? work? play?	**WON'T***	Singular I you he, she, it noun/pronoun Plural we you they noun/pronoun	learn? work? play?

FORMA DE EMPLEO:

El «simple future» se utiliza para informarse acerca de acciones que tendrán (o no) lugar en un futuro inmediato o en un futuro lejano.

EQUIVALENTES EN ESPAÑOL:

—¿Aprenderás? ¿Trabajarás? ¿Jugarás?

—¿No aprenderás? ¿No trabajarás? ¿No jugarás?

*Won't es la contracción de **will not.** Obsérvese que si se utiliza **will not** para hacer una pregunta, **will** debe colocarse solo y antes del sujeto y **not** después de él (ej: **Will you not see him tomorrow?**).

CONJUGATIONS
CONJUGACIONES

Statements
in the future

Enunciados en
tiempo futuro

Declarative	Simple future	Negative declarative

Declarative	**Negative declarative**
I**'ll be** among the first ones to arrive. Cathy **will bring** her books back tomorrow. You**'ll get** your money next Monday.	I **won't see** Dick before next week. The teacher **won't answer** her question today. They **won't take** us to the airport this afternoon.

SUBJECT	Auxiliary: WILL, 'LL	Verb: INVARIABLE INFINITIVE	SUBJECT	Auxiliary: WON'T*	Verb: INVARIABLE INFINITIVE
Singular I You He, she, it Noun/pronoun Plural We You They Noun/pronoun	**WILL/'LL**	learn. work. play.	Singular I You He, she, it Noun/pronoun Plural We You They Noun/pronoun	**WON'T**	learn. work. play.

FORMA DE EMPLEO:

El «simple future» se utiliza para situar aquellas acciones que tendrán (o no) lugar en un futuro inmediato o en un futuro lejano.

EQUIVALENTES EN ESPAÑOL:

—Yo aprenderé, tú trabajarás, él jugará, ella jugará.

—Yo no aprenderé, tu no trabajarás, él no jugará, ella no jugará.

***Won't** es la contracción de **will not**. También **'ll not** se utiliza, aunque con menor frecuencia.*

CONJUGATIONS
CONJUGACIONES

**Questions
in the future**

*Preguntas en
tiempo futuro*

Interrogative	Future intensive	Negative interrogative

Are you **going to help** your mother a little? **Is** it **going to be** tough? **Are** we **going to leave** soon?	**Isn't** she **going to be** upset? **Aren't** they **going to endanger** themselves? **Aren't** you **going to make** up your mind?

Auxiliary: TO BE GOING TO, PRESENT	SUBJECT	Verb: INVARIABLE INFINITIVE	Auxiliary: TO BE GOING TO, PRESENT NEGATIVE	SUBJECT	Verb: INVARIABLE INFINITIVE
Singular			Singular		
AM **ARE**	I you		**AM** **AREN'T**	I you	**NOT**
IS	he, she, it noun/pronoun	**GOING TO** ├─ learn? ├─ work? └─ play?	**ISN'T**	he, she, it noun/pronoun	**GOING TO** ├─ learn? ├─ work? └─ play?
	Plural			Plural	
ARE	we you they noun/pronoun		**AREN'T**	we you they noun/pronoun	

FORMA DE EMPLEO:
El «future intensive» se utiliza para informarse acerca de aquellas acciones que están (o no) a punto de producirse o que se tiene (o no) la intención de realizar en futuro cercano.

EQUIVALENTES EN ESPAÑOL:
—¿Vas a aprender, a trabajar, a jugar?
—¿No vas a aprender, a trabajar, a jugar?

CONJUGATIONS
CONJUGACIONES

**Statements
in the future**

***Enunciados en
tiempo futuro***

| Declarative | Future intensive | Negative declarative |

I**'m going to help** her right away.
The test **is going to be** quite easy.
We**'re going to leave** in five minutes.

My sister**'s not going to stop** trying.
Don't worry! They **aren't going to get** hurt.
I**'m not going to hurry** for anyone.

SUBJECT	Auxiliary: TO BE GOING TO, PRESENT	Verb: INVARIABLE INFINITIVE	SUBJECT	Auxiliary: TO BE GOING TO, PRESENT NEGATIVE	Verb: INVARIABLE INFINITIVE
Singular			Singular		
I	**AM/'M**		I	**AM NOT/ 'M NOT**	
You	**ARE/'RE**		You	**AREN'T/ 'RE NOT**	
He, she, it Noun/pronoun	**IS/'S**	**GOING TO** ⌐ learn. ⊢ work. ⌐ play.	He, she, it Noun/pronoun	**ISN'T/'S NOT**	**GOING TO** ⌐ learn. ⊢ work. ⌐ play.
Plural			Plural		
We You They Noun/pronoun	**ARE/'RE**		We You They Noun/pronoun	**AREN'T 'RE NOT**	

FORMA DE EMPLEO:
El «future intensive» se utiliza para situar aquellas acciones que están (o no) a punto de producirse o que se tiene (o no) la intención de realizar en un futuro cercano.

EQUIVALENTES EN ESPAÑOL:
—Yo voy a aprender, tú vas a trabajar, ella va a jugar.
—Yo no voy a aprender, tú no vas a trabajar, él no va a jugar.

CONJUGATIONS
CONJUGACIONES

<table>
<tr><td align="center">Questions
in the future</td><td align="center">Preguntas en
tiempo futuro</td></tr>
</table>

Interrogative	Future continuous/progressive	Negative interrogative

Will you still **be reading** at midnight?
Will she **be working** there all day long?
Will we **be waiting** here all night?

Won't you **be having** supper when she comes?
Won't he **be staying** with us while you're away?
Won't you be **watching** TV tonight?

Auxiliary: TO BE, FUTURE	SUBJECT	Verb: ENDING IN **-ING** (PRESENT PARTICIPLE)	Auxiliary: TO BE, FUTURE NEGATIVE	SUBJECT	Verb: ENDING IN **-ING** (PRESENT PARTICIPLE)
	Singular			Singular	
	I you he, she, it noun/pronoun			I you he, she, it noun/pronoun	
WILL	Plural	**BE** learn**ing**? work**ing**? play**ing**?	**WON'T**	Plural	**BE** learn**ing**? work**ing**? play**ing**?
	we you they noun/pronoun			we you they noun/pronoun	

FORMA DE EMPLEO:
El «future continuous/progressive» se utiliza para informarse acerca de aquellas acciones que se estarán desarrollando (o no) en un cierto momento en el futuro; de ahí la idea de «continuous» (que continúa) y de «progressive» (en progressión).

EQUIVALENTES EN ESPAÑOL:
—¿Estarás jugando. . . ?
—¿No estarás jugando. . .?

CONJUGATIONS
CONJUGACIONES

Statements in the future

Enunciados en tiempo futuro

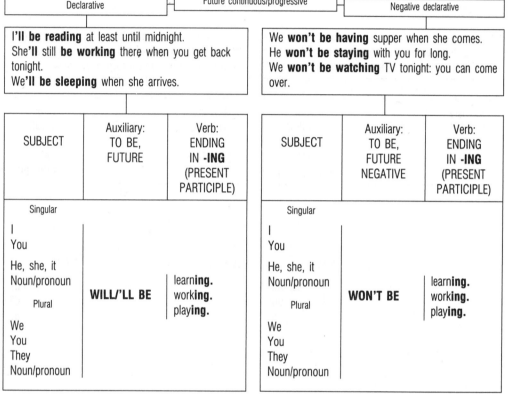

	Declarative		Future continuous/progressive		Negative declarative	

I'll be reading at least until midnight.
She**'ll** still **be working** there when you get back tonight.
We**'ll be sleeping** when she arrives.

We **won't be having** supper when she comes.
He **won't be staying** with you for long.
We **won't be watching** TV tonight: you can come over.

SUBJECT	Auxiliary: TO BE, FUTURE	Verb: ENDING IN **-ING** (PRESENT PARTICIPLE)	SUBJECT	Auxiliary: TO BE, FUTURE NEGATIVE	Verb: ENDING IN **-ING** (PRESENT PARTICIPLE)
Singular I You He, she, it Noun/pronoun Plural We You They Noun/pronoun	**WILL/'LL BE**	learn**ing**. work**ing**. play**ing**.	Singular I You He, she, it Noun/pronoun Plural We You They Noun/pronoun	**WON'T BE**	learn**ing**. work**ing**. play**ing**.

FORMA DE EMPLEO:
El «future continuous/progressive» se utiliza para situar aquellas acciones que se estarán desarrollando (o no) en un cierto momento del futuro; de ahí la idea de «continuous» (que continúa) y de «progressive» (en progresión).

EQUIVALENTES EN ESPAÑOL:
—Yo estaré jugando. . .
—Yo no estaré jugando. . .

CONJUGATIONS
CONJUGACIONES

**Questions
in the future**

*Preguntas en
tiempo futuro*

Interrogative	Future perfect	Negative interrogative

Will you **have concluded** your speech by eleven? **Will** they **have come** to an agreement by next week? When **will** she **have settled** this problem?	**Won't** you **have signed** the contract by Friday? **Won't** he **have repaid** his debts by next year? **Won't** we **have given** it to him by then?

Auxiliary: TO HAVE, FUTURE	SUBJECT	Verb: ENDING IN **-ED** (PAST PARTICIPLE)*	Auxiliary: TO HAVE, FUTURE NEGATIVE	SUBJECT	Verb: ENDING IN **-ED** (PAST PARTICIPLE)*
	Singular			Singular	
WILL	I you he, she, it noun/pronoun Plural we you they noun/pronoun	**HAVE** ├─ learn**ed**? ├─ work**ed**? └─ play**ed**?	**WON'T**	I you he, she, it noun/pronoun Plural we you they noun/pronoun	**HAVE** ├─ learn**ed**? ├─ work**ed**? └─ play**ed**?

FORMA DE EMPLEO:
El «future perfect» se utiliza para informarse acerca de aquellas acciones que habrán tenido lugar (o no) antes de un cierto momento en el futuro.

EQUIVALENTES EN ESPAÑOL:
—¿Habrás aprendido, trabajado, jugado. . . ?
—¿No habrás aprendido, trabajado, jugado. . . ?

*Véase el «past participle» (participio pasado) de los verbos irregulares en el cuadro Los verbos irregulares, p. 174 y 175.

CONJUGATIONS
CONJUGACIONES

**Statements
in the future**

***Enunciados en
tiempo futuro***

Declarative	Future perfect	Negative declarative

I'll **have concluded** my speech by ten at the latest. They **will have come** to an agreement by tomorrow. She'll **have settled** the whole thing by next month.	We **won't have signed** the contract by Friday. He **won't have repaid** his debts by next year unless he works. We **won't have succeeded** unless we finish on time.

SUBJECT	Auxiliary: TO HAVE, FUTURE	Verb: ENDING IN **-ED** (PAST PARTICIPLE)*	SUBJECT	Auxiliary: TO HAVE, FUTURE NEGATIVE	Verb: ENDING IN **-ED** (PAST PARTICIPLE)*
Singular I You He, she, it Noun/pronoun Plural We You They Noun/pronoun	**WILL/'LL HAVE**	learn**ed.** work**ed.** play**ed.**	Singular I You He, she, it Noun/pronoun Plural We You They Noun/pronoun	**WON'T HAVE**	learn**ed.** work**ed.** play**ed.**

FORMA DE EMPLEO:
El «future perfect» se utiliza para situar aquellas acciones que habrán tenido lugar (o no) antes de un cierto momento en el futuro.

EQUIVALENTES EN ESPAÑOL:
—Yo habré jugado. . . ; tú habrás aprendido. . . ; él habrá trabajado. . .
—Yo no habré trabajado. . . ; tú no habrás aprendido. . . ; ella no habrá jugado. . .

*Véase el «past participle» (participio pasado) de los verbos irregulares en el cuadro Los verbos irregulares, p. 174 y 175.

AUXILIARIES
LOS AUXILIARES

TO FORM VERB TENSES		*CONSTRUCCIÓN DE LOS TIEMPOS VERBALES*
Examples	Auxiliaries	*Forma de empleo*
You **are** reading an example right now. My car **was** towed to a garage yesterday.	**BE** (ALL FORMS)	*Para construir el «continuous/progressive tense», véase p. 127, 133 y 147.* *Para construir la voz pasiva, véase p. 172 y 173.*
He **hasn't** played his last card yet. She **had** finished by the time you arrived.	**HAVE** (ALL FORMS)	*Para construir el «perfect tense», véase p. 135, 139 y 149.*
Do you think I'm right? He **doesn't** understand but I **do.**	**DO**/DOES (DO/DOES NOT, DON'T/DOESN'T	*Para construir el «simple present tense», véase p. 122 y 123.*
We **didn't** overstep the mark, **did** we? When **did** Brenda leave?	**DID** (DID NOT/DIDN'T)	*Para construir el «simple past tense», véase p. 128 y 129.*
Paul **will** be ready in a few minutes. Suzy **won't** be on time, **will** she?	**WILL/'LL** (WILL/'LL NOT, WON'T)	*Para construir el «simple future tense», véase p. 142 y 143.*
Gerry **would** be popular anywhere. **Wouldn't** Beverly be welcome at home?	**WOULD/'D** (WOULD/'D NOT, WOULDN'T)	*Para construir el «conditional tense».*
Benjamin**'s going to** be here soon. I **was going to** go out when you arrived.	**BE GOING TO**	*Para construir el «intensive tense», véase p. 141 y 145.*

AUXILIARIES
LOS AUXILIARES

TO EXPRESS OBLIGATION/ NECESSITY/DUTY		*EXPRESIÓN DE UNA OBLIGACIÓN, UNA NECESIDAD, UN DEBER*	
Examples	Auxiliaries	*Forma de empleo*	*En español*
We **must** leave immediately! He **must** call me back today.	**MUST**	*Antes del verbo en infinitivo para expresar una obligación, o una necesidad o un deber impuestos por la persona que habla.*	***Deber, necesitar, hacer falta, estar obligado a***
I **have to** hurry to get there on time. You have **to** stop at red lights.	**HAVE TO**	*Antes del verbo en infinitivo .para expresar una obligación, una necesidad, o un deber impuestos por las circunstancias.*	***Deber, tener que, estar obligado a***
You**'ve got to** play fair to make friends. She**'s got to** improve so as not to fail the course.	**HAVE GOT TO**	*Antes del verbo en infinitivo para expresar una obligación, una necesidad o un deber impuestos por las circunstancias.*	***Deber, tener que, estar obligado a***

AUXILIARIES
LOS AUXILIARES

TO EXPRESS PROHIBITION		EXPRESIÓN DE UNA PROHIBICIÓN	
Examples	Auxiliaries	Forma de empleo	En español
You **must not** smoke in this room. This door **mustn't** be opened!	**MUST NOT/** MUSTN'T	Antes del verbo en infinitivo, para expresar una prohibición.	**No tener el derecho de. . . , está prohibido. . . , absténgase de. . .**

TO EXPRESS ABSENCE OF OBLIGATION		EXPRESIÓN DE LA AUSENCIA DE OBLIGACIÓN	
Examples	Auxiliaries	Forma de empleo	En español
You **don't have to** translate this. She **doesn't have** to tell them.	**DO/DOES NOT HAVE TO (DON'T/ DOESN'T HAVE TO)**	Antes del verbo en infinitivo, para expresar la ausencia de obligación, de necesidad.	**No estar obligado a, no tener que, no (ser) necesario. . .**

TO EXPRESS ADVICE/ONE'S INTEREST		EXPRESIÓN DE UN CONSEJO, INTERÉS PROPIO	
Examples	Auxiliaries	Forma de empleo	En español
You **should** be more cautious. I **should** quit smoking.	**SHOULD** NEG.: SHOULD NOT/ SHOULDN'T	Antes del verbo en infinitivo, para expresar un consejo o un interés propio.	**Lo que debería hacerse. . .**
I **ought to** lose a few kilos. You **ought to** exercise.	**OUGHT TO** NEG.: OUGHT NOT TO	Antes del verbo en infinitivo para expresar un consejo o un interés propio.	**Lo que debería hacerse. . .**
You**'d better** stop yelling. She**'d better not** talk back.	**HAD BETTER** I'D BETTER NEG.: HAD/I'D BETTER NOT	Antes del verbo en infinitivo para expresar un consejo (con un matiz de amenaza o por interés propio).	**Lo que sería mejor hacer. . . (sino. . .)**

AUXILIARIES
LOS AUXILIARES

TO EXPRESS DEDUCTION/PROBABILITY		*EXPRESIÓN DE UNA DEDUCCIÓN, DE UNA PROBABILIDAD*	
Examples	Auxiliaries	*Forma de empleo*	*En español*
He **must** be from Russia. It **must** have rained; the ground's wet.	**MUST** NEG.: MUST NOT/MUSTN'T	*Antes del verbo en infinitivo para expresar una deducción o la probabilidad de que una cosa sea cierta.*	***Deber, debe, deben***
She **should** win the race. That **should** be Steve at the door.	**SHOULD** NEG.: SHOULD NOT/ SHOULDN'T	*Antes del verbo en infinitivo para expresar una probabilidad.*	***Debería, deberían***

TO EXPRESS ABILITY/POSSIBILITY		*EXPRESIÓN DE UNA CAPACIDAD, DE UNA POSIBILIDAD*	
Examples	Auxiliaries	*Forma de empleo*	*En español*
You **can** do better than this. I **can't** pay you today.	**CAN** NEG.: CANNOT/ CAN'T	*Antes del verbo en infinitivo para expresar una capacidad, una posibilidad, un permiso.*	***Poder, ser capaz de, ser posible***
May I have a word with her? She **may** agree to see you.	**MAY**	*Antes del verbo en infinitivo para expresar una posibilidad, un permiso, una oportunidad.*	***Poder, ser posible***
That **could** be true. He forgot, but I **couldn't**.	**COULD** NEG.: COULD NOT/ COULDN'T	*Antes del verbo en infinitivo para expresar una capacidad, una posibilidad, o un permiso reducidos.*	***Lo que se hubiera podido, lo que se podría hacer; lo que hubiera podido ocurrir, lo que podría suceder***
We **might** arrive before Jim. It **might** rain tomorrow.	**MIGHT**	*Antes del verbo en infinitivo para expresar una posibilidad reducida.*	***Lo que hubiera podido ser, lo que se podría hacer; lo que hubiera podido ocurrir, lo que podría ocurrir***
He **may not** be happy with this. It **may not** happen soon enough.	**MAY NOT**	Not *se relaciona más con el verbo que con* may, *para expresar la posibilidad de que una cosa no ocurra.*	***Lo que no se puede llegar a hacer, lo que no puede ocurrir***
They **might not** be expecting us. It **might not** prove that easy	**MIGHT NOT**	Not *se relaciona más con el verbo que con* might, *para expresar la posibilidad reducida de que ocurra una cosa.*	***Lo que no se podría llegar a hacer, lo que no podría ocurrir***

AUXILIARIES
LOS AUXILIARES

TO EXPRESS PAST ROUTINE		*EXPRESIÓN DE UN HÁBITO ABANDONADO*	
Examples	Auxiliary	*Forma de empleo*	*En español*
I **used to** read a lot more than I do now. He **didn't use to** be so nasty.	**USED TO** NEG.: DIDN'T USE TO	*Antes del verbo en infinitivo para expresar un hábito abandonado.*	***Haber tenido el hábito de***

TO EXPRESS PREFERENCE		*EXPRESIÓN DE UNA PREFERENCIA*	
Examples	Auxiliary	*Forma de empleo*	*En español*
Some **would rather** live off of others. I**'d rather not** go out again.	**WOULD/'D RATHER** NEG.: WOULD/'D RATHER NOT	*Antes del verbo en infinitivo para expresar una preferencia.*	***El condicional seguido de "más bien"***

TO EXPRESS CHALLENGE/DEFIANCE		*EXPRESIÓN DE UN DESAFÍO, UN RETO*	
Examples	Auxiliary	*Forma de empleo*	*En español*
If you **dare** complain again. . . **Don't** you **dare** move one inch from there.	**DARE**	*Antes del verbo en infinitivo para expresar un desafío.*	***Atreverse, osar***

CONTRACTIONS
LAS CONTRACCIONES

"TO BE" AUXILIARY OR VERB

"TO BE" *AUXILIAR O VERBO*

a Present

Presente

Person	Affirmative			Negative							
1st sing.	I	am	I'm	I	am	not			I'm	not
2nd sing.	You	are	You're	You	are	not	You	aren't	You're	not
3rd sing. m.	He	is	He's	He	is	not	He	isn't	He's	not
3rd sing. f.	She	is	She's	She	is	not	She	isn't	She's	not
3rd sing. n.	It	is	It's	It	is	not	It	isn't	It's	not
1st plur.	We	are	We're	We	are	not	We	aren't	We're	not
2nd plur.	You	are	You're	You	are	not	You	aren't	You're	not
3rd plur.	They	are	They're	They	are	not	They	aren't	They're	not

Person	Interrogative		Negative				
1st sing.	Am	I?	Am	I	not?		
2nd sing.	Are	you?	Are	you	not?	Aren't	you?
3rd sing. m.	Is	he?	Is	he	not?	Isn't	he?
3rd sing. f.	Is	she?	Is	she	not?	Isn't	she?
3rd sing. n.	Is	it?	Is	it	not?	Isn't	it?
1st plur.	Are	we?	Are	we	not?	Aren't	we?
2nd plur.	Are	you?	Are	you	not?	Aren't	you?
3rd plur.	Are	they?	Are	they	not?	Aren't	they?

b Past

Pretérito

Person	Affirmative		Negative				
1st sing.	I	was	I	was	not	I	wasn't
2nd sing.	You	were	You	were	not	You	weren't
3rd sing. m.	He	was	He	was	not	He	wasn't
3rd sing. f.	She	was	She	was	not	She	wasn't
3rd sing. n.	It	was	It	was	not	It	wasn't
1st plur.	We	were	We	were	not	We	weren't
2nd plur.	You	were	You	were	not	You	weren't
3rd plur.	They	were	They	were	not	They	weren't

Person	Interrogative		Negative interrogative				
1st sing.	Was	I?	Was	I	not?	Wasn't	I?
2nd sing.	Were	you?	Were	you	not?	Weren't	you?
3rd sing. m.	Was	he?	Was	he	not?	Wasn't	he?
3rd sing. f.	Was	she?	Was	she	not?	Wasn't	she?
3rd sing. n.	Was	it?	Was	it	not?	Wasn't	it?
1st plur.	Were	we?	Were	we	not?	Weren't	we?
2nd plur.	Were	you?	Were	you	not?	Weren't	you?
3rd plur.	Were	they?	Were	they	not?	Weren't	they?

CONTRACTIONS
LAS CONTRACCIONES

"TO HAVE" AUXILIARY ONLY   "TO HAVE" *COMO AUXILIAR SOLAMENTE**

a Present   *Presente*

Person	Affirmative		Negative					
1st sing.	I have	I've	I have not		I haven't		I've	not
2nd sing.	You have	You've	You have not		You haven't		You've	not
3rd sing. m.	He has	He's	He has not		He hasn't		He's	not
3rd sing. f.	She has	She's	She has not		She hasn't		She's	not
3rd sing. n.	It has	It's	It has not		It hasn't		It's	not
1st plur.	We have	We've	We have not		We haven't		We've	not
2nd plur.	You have	You've	You have not		You haven't		You've	not
3rd plur.	They have	They've	They have not		They haven't		They've	not

Person	Interrogative		Negative interrogative					
1st sing.	Have	I?	Have	I	not?	Haven't		I?
2nd sing.	Have	you?	Have	you	not?	Haven't		you?
3rd sing. m.	Has	he?	Has	he	not?	Hasn't		he?
3rd sing. f.	Has	she?	Has	she	not?	Hasn't		she?
3rd sing. n.	Has	it?	Has	it	not?	Hasn't		it?
1st plur.	Have	we?	Have	we	not?	Haven't		we?
2nd plur.	Have	you?	Have	you	not?	Haven't		you?
3rd plur.	Have	they?	Have	they	not?	Haven't		they?

b Past   *Pretérito*

Person	Affirmative		Negative			
1st sing.	I had	I'd	I had not		I hadn't	
2nd sing.	You had	You'd	You had not		You hadn't	
3rd sing. m.	He had	He'd	He had not		He hadn't	
3rd sing. f.	She had	She'd	She had not		She hadn't	
3rd sing. n.	It had		It had not		It hadn't	
1st plur.	We had	We'd	We had not		We hadn't	
2nd plur.	You had	You'd	You had not		You hadn't	
3rd plur.	They had	They'd	They had not		They hadn't	

Person	Interrogative		Negative interrogative					
1st sing.	Had	I?	Had	I	not?	Hadn't		I?
2nd sing.	Had	you?	Had	you	not?	Hadn't		you?
3rd sing. m.	Had	he?	Had	he	not?	Hadn't		he?
3rd sing. f.	Had	she?	Had	she	not?	Hadn't		she?
3rd sing. n.	Had	it?	Had	it	not?	Hadn't		it?
1st plur.	Had	we?	Had	we	not?	Hadn't		we?
2nd plur.	Had	you?	Had	you	not?	Hadn't		you?
3rd plur.	Had	they?	Had	they	not?	Hadn't		they?

To have (haber) y **to have to** deber, tener que, se conjugan como los otros verbos. Las contracciones se aplican a **to have** solamente cuando es auxiliar de los «perfect tenses».

CONTRACTIONS
LAS CONTRACCIONES

"TO DO" AUXILIARY ONLY   ## "TO DO" *COMO AUXILIAR SOLAMENTE**

a Present   *Presente*

Person	Affirmative		Negative				
1st sing.	I	do	I	do	not	I	don't
2nd sing.	You	do	You	do	not	You	don't
3rd sing. m.	He	does	He	does	not	He	doesn't
3rd sing. f.	She	does	She	does	not	She	doesn't
3rd sing. n.	It	does	It	does	not	It	doesn't
1st plur.	We	do	We	do	not	We	don't
2nd plur.	You	do	You	do	not	You	don't
3rd plur.	They	do	They	do	not	They	don't

Person	Interrogative		Negative interrogative				
1st sing.	Do	I?	Do	I	not?	Don't	I?
2nd sing.	Do	you?	Do	you	not?	Don't	you?
3rd sing. m.	Does	he?	Does	he	not?	Doesn't	he?
3rd sing. f.	Does	she?	Does	she	not?	Doesn't	she?
3rd sing. n.	Does	it?	Does	it	not?	Doesn't	it?
1st plur.	Do	we?	Do	we	not?	Don't	we?
2nd plur.	Do	you?	Do	you	not?	Don't	you?
3rd plur.	Do	they?	Do	they	not?	Don't	they?

***To do** *(hacer) se conjuga como los otros verbos. Las contracciones se aplican a* **to do** *solamente cuando es auxiliar del «simple present».*

THE IMPERATIVE
EL IMPERATIVO

COMMANDS, WARNINGS AND INSTRUCTIONS		*ÓRDENES, ADVERTENCIAS E INSTRUCCIONES*	
Examples	Person	*Forma de construcción*	*En español*
Do it! **Come** back! **Get down! Turn** to the left!	2nd singular/ plural	*Afirmativo:* Infinitivo *(sin* to)	*Se utiliza el imperativo en la segunda persona del singular o del plural, según el caso.* *Ejemplo:* Do it! = *¡Hágalo! ¡Hazlo! ¡Háganlo!* Don't move! = *¡No te muevas! o* *¡No se muevan!*
Do obey!/You **listen** to me! **Do apologize** right away!		*Afirmativo reforzado (severo)* Do/you + *infinitivo (sin* to)	
Don't move! Don't look! **Don't be** late!		*Negativo* Don't *o* Do not + *infinitivo (sin* to)	
Don't you argue! **Don't you lie** to me!		*Negativo reforzado (severo)* Don't you + *infinitivo (sin* to)	

WRITTEN INSTRUCTIONS AND WARNINGS		*INSTRUCCIONES Y ADVERTENCIAS ESCRITAS, MODOS DE EMPLEO*	
Examples	Person	*Forma de construcción*	*En español*
Delicious hot chocolate: **Pour** hot milk into cup. **Add** 2 heaping teaspoonfuls of instant chocolate powder. **Stir** well.	2nd singular/ plural	*Afirmativo:* Infinitivo *(sin* to)	*Por lo general, en español se utiliza el imperativo en las fórmulas escritas:* *Ejemplo:* Pour = *Vierta (se)* Do not mix = *No (se) mezcle* Avoid = *Evite (se)*
Bleach-caution: **Do not mix** with acids or household ammonia. **Avoid** contact with skin and eyes. Is swallowed, **call** physician immediately physician.		*Negativo:* Do not (Don't) + *infinitivo (sin* to)	

THE IMPERATIVE
EL IMPERATIVO

ADVICE AND INVITATIONS		*CONSEJOS E INVITACIONES*	
Examples	Person	*Forma de construcción*	*En español*
Try to do better. Please **walk in** and **have** a seat.	2nd singular/ plural	*Afirmativo:* Infinitivo (sin to)	*Imperativo en la segunda persona del singular o del plural, según el caso*
Don't feel bad! **Don't leave** your overcoat on.		*Negativo:* Don't Do not + infinitivo (sin to)	*Ejemplo:* *Try... = Trata de...* *o Trátese de... Traten de...*

RALLYING INSTRUCTIONS AND COMMANDS		*INSTRUCCIONES Y ÓRDENES DE CARÁCTER COLECTIVO*	
Examples	Person	*Forma de construcción*	*En español*
Let's go! Let's join the group! **Let's** just **forget** it!	1st plural	*Afirmativo:* Let's (Let us) + infinitivo (sin to)	*Se utiliza el imperativo en la primera persona del plural.*
Let's not give up! **Let's not buy** this!		*Negativo:* Let's (Let us) not + infinitivo (sin to)	*Ejemplo:* *Let's go! = ¡Vayamos! ¡Vamos!* *Let's not buy! = ¡No compremos...!*

PARTICIPLES
LOS PARTICIPIOS

PRESENT PARTICIPLE			
Examples	Formación	*Modo de empleo*	*Relacionado con*
We have **running** water in our cottage. Take good care of **growing plants.**		*como adjetivo*	*el sustantivo que precede*
This lesson is **boring.** The scene of the accident was **horrifying.**		*como atributo*	*el sujeto del verbo*
We're **learning** English now. She was **listening** to music when I walked in.	*Se añade* **-ING** *al INFINITIVO (sin* to)	*para construir el* «continuous/pro-gressive tense»	
I smell something **burning.** Did you see him **kissing** her?	*Ejemplo:* work**ing** play**ing**	*después de los verbos de percepción o sensación*	*el sustantivo o el pronombre que le precede*
He walked away **whistling.** **Holding** a bag in one hand, she opened the door.	lov**ing** writ**ing**	*para acciones simultáneas*	*el mismo sujeto*
Opening the drawer, he found the letter. **Turning** the corner, I saw you in the distance.		*para acciones consecutivas*	*el mismo sujeto*
I gave up, **knowing** it was useless. The weather **being** fine, we decided to go out.		*para reemplazar* **as, since, because** *(como, dado que)*	

PARTICIPLES
LOS PARTICIPIOS

PAST PARTICIPLE	*EL PARTICIPIO PASADO*		
Examples	Formación	*Modo de empleo*	*Relacionado con*
I insist upon a **written*** report. Be careful not to step on the **broken*** glass.	*Se añade* **-ED** *a los verbos que terminan en consonante o en Y precedida de vocal.*	*como adjetivo*	*el sustantivo que precede*
The workers soon became **tired.** People will be **astonished** by your offér.	*Ejemplo:* work**ed** play**ed**	*como atributo*	*el sujeto del verbo*
She was **given*** a bike for her birthday. I heard this bank was **robbed** yesterday.	*Se añade* **-D** *a los verbos que terminan en E.*	*para construir la forma pasiva*	
We have **completed** our part of the work. They had **left** by the time we arrived.	*Ejemplo:* lov**ed** **-IED** *sustituye a la Y cuando va precedida*	*para construir el «perfect tense»*	
She walked in, **accompanied** by a friend. He proceeded, **convinced** that he was right.	*de consonante.* *Ejemplo:* cri**ed**	*para indicar dos acciones simultáneas*	*el mismo sujeto*

PERFECT PARTICIPLE	*EL PARTICIPIO PERFECTO*		
Examples	Formación	*Modo de empleo*	*Relacionado con*
Having finished his work, he rushed out. **Having caught** a glimpse of him, I called for help.		*para una acción que precede a otra*	*el mismo sujeto*
Having read the instructions, she assembled the kit. **Having set** the table, we waited for our guests.	**HAVING** + *el PARTICIPIO PASADO*	*para subrayar que una acción se ha terminado cuando otra comienza*	*el mismo sujeto*
Having failed in June, he tried again in August. **Having** not **seen** her for years, I didn't recognize her.	*Ejemplo:* **having** work**ed** **having done**	*cuando hay un intervalo entre dos acciones*	*el mismo sujeto*
Having been absent for weeks, he's behind in his work. **Having studied** for many hours, I'm ready for the exam.		*cuando la primera acción ha durado cierto tiempo*	*el mismo sujeto*

*Véase el «past participle» (participio pasado) de los verbos irregulares en el cuadro Los verbos irregulares, p. 174 y 175,

GERUND (VERB IN -ING)
EL GERUNDIO O SUSTANTIVO VERBAL

En inglés se utiliza esta forma del verbo como sustantivo. En español, se utiliza más bien el infinitivo del verbo.

Examples	Forma de empleo
Learning English is not that difficult. **Eating** too much may be dangerous to your health.	*Sujeto de un verbo.*
Some people are good at **telling** stories. Try to do it without **complaining.**	*Complemento después de una preposición.*

Examples	Forma de empleo
Keep on **smiling!** I'm against **criticizing** one who tries hard. Never give up **fighting** for justice! I look forward to **celebrating** your birthday.	*Complemento después de ciertos verbos que incluyen una partícula (adverbio/preposición):* Be against *(estar contra)* — Leave off *(dejar de)* Be for *(estar por)* — Look forward to Care for *(preocuparse por)* — *(anhelar)* Give up *(abandonar)* — Put off *(posponer)* Keep on *(continuar)* — See about *(ocuparse de)* Take to *(tomarle gusto a)*
Avoid **driving** when drunk! She suggested **waiting** till midnight before leaving. I deny **having** anything to do with drugs. I'm all yours as soon as I finish **writing** this letter.	*Complemento después de ciertos verbos:* Anticipate *(anticipar)* — Involve *(implicar)* Avoid *(evitar)* — Keep *(continuar)* Consider *(considerar)* — Mind *(oponerse a)* Delay *(retardar)* — Postpone *(posponer)* Deny *(negar)* — Prevent *(prevenir)* Detest *(detestar)* — Resist *(resistirse a)* Enjoy *(disfrutar)* — Risk *(arriesgar)* Excuse *(excusar)* — Save *(salvar)* Finish *(terminar)* — Stop *(dejar de)* Imagine *(imaginar)* — Suggest *(sugerir)* — Understand *(entender)*
I can't help **falling** in love with you. It's no use **cheating,** you get caught everytime.	*Después de:* Can't help — It's no good *(no poder* — *(no es bueno. . .)* *evitar)* Can't stand — It's no use *(no poder soportar)* — *(es inútil. . .)* — It's worth — *(vale la pena. . .)*

GERUND (VERB IN -ING)
EL GERUNDIO O SUSTANTIVO VERBAL

Examples	Forma de empleo
We don't allow **shouting** here. Some prefer **walking** to **cycling.** Our car needs **fixing.**	*o el infinitivo (a escoger) después de ciertos verbos:* Advise *(aconsejar)* Prefer *(preferir)* Allow *(permitir)* Propose *(proponer)* Attempt *(intentar)* Regret *(lamentar)* Be afraid *(tener miedo de)* Remember Begin *(comenzar)* *(recordar)* Continue *(continuar)* Start *(comenzar)* Go on *(seguir adelante)* Try *(tratar de)* *Hate (odiar)* Used to Like *(gustar)* *(estar acostumbrado a)* Love *(amar)* Mean *(querer decir)*
I remember my father **taking** me riding. You must agree with women **getting** equal wages.	*Después de un sustantivo* *(se traduce por un pretérito o por un subjuntivo)*
He left without us **knowing** why.	*Después de un pronombre o un adjetivo posesivo* *(se traduce por un subjuntivo en español)*

THE SUBJUNCTIVE
EL SUBJUNTIVO

PRESENT SUBJUNCTIVE	*PRESENTE DE SUBJUNTIVO*	
Examples	Formación	Forma de empleo
God **bless** you! Heaven **be** praised!	*INFINITIVO (sin TO)*	En ciertas exclamaciones para expresar un deseo, una intención.
He suggested that something **be done.** I recommended that everyone **give** 2 \$.		Con el sentido de should *(lo que debería. . .)*

PAST SUBJUNCTIVE	*PRETÉRITO DE SUBJUNTIVO*	
Examples	Formación	Forma de empleo
If it **rained** for one month. . . (improbable) If we **lived** on the moon. . . (unreal) If only I **were** to get rich. . . (improbable)	*PRETÉRITO (forma del pasado)*	*Después de* **IF** *(si) y de* **IF ONLY** *(si solamente), para las cosas improbables o irreales, para suposiciones.*
He acts as if he **owned** the place. (improbable, unreal or doubtful) She talks as though she **liked** the exam. (improbable, unreal or doubtful)	*Atención:* **TO BE** *se conjuga* **WERE** *en todas las personas*	*Después de* **AS IF/AS THOUGH** *(como si) para las cosas improbables, irreales o dudosas en el presente.*
I wish I **knew.**= I'm sorry I don't know. He wishes he **had** time.= He's sorry he doesn't. I wish I **could** help.= I'm sorry. I can't.		*Después de* **WISH** *(desear) para expresar pena.*

THE SUBJUNCTIVE
EL SUBJUNTIVO

PAST PERFECT SUBJUNCTIVE	EL SUBJUNTIVO «PAST PERFECT»	
Examples	Formación	Forma de empleo
If she **had come** last month. . . (but she didn't). If only she **had tried harder**. . . (but she didn't).	*Misma forma que el* «past perfect»	*Después de* **IF** *(si) o de* **IF ONLY** *(si solamente), para expresar suposiciones en tiempo pasado.*
He talks about China as if/as though he **had lived** there. (improbable, unreal or doubtful).		*Después de* **AS IF/AS THOUGH** *(como si) para las cosas improbables, irreales o dudosas en el pasado.*
I wish you **hadn't told** her. . .= I'm sorry you did. I wish I **had gone**. . . = I'm sorry I didn't.		*Después de* **WISH** *(desear) para expresar pena porque una cosa no haya ocurrido.*

THE INFINITIVE
EL INFINITIVO

FORMS OF THE INFINITIVE		*LAS FORMAS DEL INFINITIVO*
Examples	Voice	Tense
To complete To have completed To be completing To have been completing	**ACTIVE**	Present infinitive Perfect infinitive Present continuous/progressive infinitive Perfect continuous/progressive infinitive
To be completed To have been completed	**PASSIVE**	Present infinitive Perfect infinitive

THE INFINITIVE WITH «TO»	*EL INFINITIVO CON TO*
Examples	Forma de empleo
I asked **to speak** to the manager. She expects **to profit from** your advice. We plan **to start** a business soon. I want **to go** with you.	*Después de ciertos verbos:* Agree *(estar de acuerdo en)* Hesitate *(dudar)* Appear *(aparecer)* Hope *(esperar)* Arrange *(arreglar)* Learn *(aprender)* Ask *(preguntar, pedir)* Manage *(manejar)* Beg *(suplicar)* Neglect *(descuidar)* Be sure *(estar seguro)* Prepare *(preparar)* Care *(preocuparse por)* Promise *(prometer)* Consent *(consentir en)* Refuse *(rehusar)* Decide *(decidir)* Seem *(parecer)* Determine *(determinar)* Swear *(jurar)* Expect *(esperar que)* Undertake *(emprender)* Fail *(fallar)* Want *(querer)* Forget *(olvidar)* Wish *(desear)* Help *(ayudar)* *etcétera.*

THE INFINITIVE
EL INFINITIVO

THE INFINITIVE WITH «TO»	*EL INFINITIVO CON* TO
Examples	*Forma de empleo*
Don't attempt **to do** it all by yourself. He began **to work** on it yesterday. They like **to walk** in the rain.	*o el gerundio (a escoger) después de ciertos verbos:* **Advise** *(aconsejar)*　　　**Love** *(amar)* **Allow** *(permitir)*　　　**Mean** *(querer decir)* **Attempt** *(intentar)*　　　**Prefer** *(preferir)* **Be afraid** *(tener miedo de)*　**Propose** *(proponer)* **Begin** *(comenzar)*　　　**Regret** *(lamentar)* **Continue** *(continuar)*　　**Remember** *(acordarse)* **Go on** *(seguir adelante)*　**Start** *(comenzar)* **Hate** *(odiar)*　　　**Try** *(tratar de)* etcétera. **Like** *(gustar)*
We allow you **to spend** up to 100 $. They **begged** us **to push** the car. Don't expect me **to handle** that chainsaw.	*Después de ciertos verbos y su complemento:* **Advise** *(aconsejar)*　　**Mean** *(querer decir)* **Allow** *(permitir)*　　　**Oblige** *(obligar)* **Ask** *(pedir, preguntar)*　**Order** *(ordenar)* **Beg** *(suplicar)*　　　**Permit** *(permitir)* **Compel** *(forzar)*　　　**Prefer** *(preferir)* **Encourage** *(alentar)*　**Remind** *(recordar)* **Expect** *(esperar que)*　**Request** *(solicitar)* **Forbid** *(prohibir)*　　**Teach** *(enseñar)* **Hate** *(odiar, detestar)*　**Tempt** *(tentar, seducir)* **Help** *(ayudar)*　　　**Want** *(querer)* **Intend** *(pretender)*　　**Warn** *(advertir)* **Invite** *(invitar)*　　　**Wish** *(desear)* **Like** *(gustar)*　　　etcétera. **Love** *(amar)*

THE INFINITIVE
EL INFINITIVO

THE INFINITIVE WITH «TO»	*EL INFINITIVO CON* TO
Examples	*Forma de empleo*
I know her **to be** honest. She is known **to be** honest. He's supposed **to be washing** the dishes. Some consider her **to be** a lovely person.	*Después de verbos de conocimiento o de opinión:* **Believe** *(creer)* **Suppose** *(suponer)* **Consider** *(considerar)* **Think** *(pensar)* **Feel** *(sentir)* **Understand** *(entender)* **Know** *(saber, conocer)* *En la voz pasiva o en la voz activa con un complemento.*
No one is **to leave** just now! The Prime Minister is **to make** a statement soon.	*Después de* **to be** *(ser, estar) para expresar:* *órdenes, instrucciones, previsiones.*
We're about **to solve** a problem. She was just about **to quit** when you intervened.	*Después de* **to be** about *(estar a punto de) para el futuro inmediato.*
I will decide who **to reward** and which gift **to give.** He told me when **to come in.** I can't remember where **to turn.** She's explaining how **to use** those tools.	*En las proposiciones acusativas, después de:* **Who** *(quién)* **Where** *(dónde)* **What** *(qué)* **Why** *(por qué)* **Which** *(cuál)* **How** *(cómo)* **When** *(cuándo)* etcétera.
I have letters **to write** and envelopes **to seal.** Would you like something **to drink?**	*Después de sustantivos o pronombres.*
I was delighted **to see** your parents. She is proud **to have succeeded.**	*Después de adjetivos.*
It's nice of you **to help** us. That's a bad place **to park** a car.	*Después de adjetivos seguidos de sustantivos o de pronombres.*

THE INFINITIVE
EL INFINITIVO

THE INFINITIVE WITH «TO»	EL INFINITIVO CON TO
Examples	Forma de empleo
He was the best one **to represent** us. It's the worst way **to introduce** yourself.	*Después de los superlativos.*
I was the twentieth person **to be interviewed.** She was the only one **to survive** the accident.	*Después de* **the** *(el, la, los, las) seguido de un número ordinal,* **the last** *(el, la, los últimos, las últimas) o de* **the only** *(el único, los únicos, la única, las únicas).*
They hurried home only **to find** the place empty. He was rescued only **to die** later in hospital.	*Después de* **only** *(solamente).*
It's too soon **to answer** your question. This coffee is to hot **to be drunk** right now.	*Después de* **too** *(demasiado) seguido de un adjetivo o de un adverbio.*
You're old enough **to understand** what fairness is. It's cool enough **to wear** a sweater.	*Después de adjetivos o de adverbios seguidos de* **enough** *(demasiado, bastante).*
Would you be so kind as **to wait** for me? Was he so stupid as **to lie** to her?	*Después de* so *(tan), de un adjetivo o de un adverbio y de* **as** *(de, como).*

THE INFINITIVE
EL INFINITIVO

THE INFINITIVE WITHOUT «TO»	EL INFINITIVO SIN TO
Examples	*Forma de empleo*
Did he **forget** your birthday? You must **bring** your tools to work. I should **postpone** my journey. I dare not **try** anything illegal.	*Después de los auxiliares:* **Do** (simple present) **Can** *(poder)* **Did** (simple past) **Could** *(lo que podría...)* **Will** (simple future) **May** *(poder)* **Would** *(condicional)* **Might** *(lo que podría...)* **Must** *(deber, estar obligado)* **Used to** **Have to** *(deber)* *(tener la costumbre de)* **Have got to** *(tener que)* *y su forma negativa* **Should** *(lo que debería...)* **Dare** *(atreverse, osar, en la* **Ought to** *(lo que deberían)* *forma negativa únicamente)* **Had better** *(lo que sería mejor...)*
They made us **travel** all night. Let's **rest** for a few hours.	*Después de ciertos verbos:* **Help** *(ayudar)* **Watch** *(observar)* **Let** *(dejar)* etcétera. **Make** *(hacer)*
I saw you **pick** something up and **run away.** Some heard her **give you** the answers.	*Después de verbos de percepción o sensación:* **Feel** *(sentirse)* **See** *(ver)* **Hear** *(escuchar)* etcétera. *y su complemento.*
I went there to **buy** fine clothing. She tiptoed in so as not to **wake** the baby.	*Después de la preposición **to** (para):* **To** *(para)* **In order to** *(para, a fin de)* **So as to** *(para, de modo que)*

THE INFINITIVE
EL INFINITIVO

THE INFINITIVE REPRESENTED BY «TO»	*EL INFINITIVO REPRESENTADO POR* TO
Examples	*Forma de empleo*
Did you meet him? I wanted **to** but I missed him. Would you like to have dinner with us? I'd love **to.**	*Después de ciertos verbos:* **Hate** *(odiar, detestar)* **Try** *(tratar de)* **Hope** *(esperar)* **Want** *(querer)* **Like** *(gustar)* **Wish** *(desear)* **Love** *(amar)* *etcétera.*
I'm sorry to upset you, but I have **to.** She doesn't worry as much as she used **to.**	*Después de ciertos auxiliares:* **Have** *(tener que)* **Used** *(tener la costumbre de)* **Need** *(necesitar)* **Be able** *(ser capaz de)* **Ought** *(debería)*

THE PASSIVE VOICE
LA VOZ PASIVA

CONJUGATION OF THE PASSIVE VOICE		*CONJUGACIÓN EN VOZ PASIVA*
Verb tense	Active voice	Passive voice
Present infinitive	To give	To be given
Perfect infinitive	To have given	To have been given
Present participle/Gerund	Giving	Being given
Past participle	Given	Been given
Simple present	Give/Gives	Am/are/is given
Simple past	Gave	Was/were given
Simple future	Will give	Will be given
Future intensive	Am/are/is going to give	Am/are/is going to be given
Present continuous/progressive	Am/are/is giving	Am/are/is being given
Past continuous/progressive	Was/were giving	Was/were being given
Present perfect	Have/has given	Have/has been given
Past perfect	Had given	Had been given
Future perfect	Will have given	Will have been given

THE PASSIVE VOICE
LA VOZ PASIVA

PASSIVE VOICE VS ACTIVE VOICE		*LA VOZ PASIVA VS. LA VOZ ACTIVA*	
Tense	Active voice	Passive voice	*Forma de empleo*
SIMPLE PRESENT	We **store** butter in the fridge.	Butter is **stored** in the fridge.	
SIMPLE PAST	Somebody **stole** my watch.	My watch **was stolen.**	
SIMPLE FUTURE	I'll **send** a letter to him.	A letter **will be sent** to him. He **will be sent** a letter.	
FUTURE INTENSIVE	We're **going to bring** up that point. Someone's **going to warn** her.	That point **is going to be brought up.** She's **going to be warned.**	
PRESENT CONTINUOUS/ PROGRESSIVE	They're **repairing** the roof. He's **feeding** the baby.	The roof **is being repaired.** The baby's **being fed.**	*Voz activa: el sujeto realiza la acción.* *Voz pasiva: el sujeto sufre la acción, está sometido a ella o recibe el beneficio de la misma.*
PAST CONTINUOUS/ PROGRESSIVE	Her fans **were cheering** her.	She **was being cheered** by her fans.	
PRESENT PERFECT	Someone **has given** him a dog.	A dog **has been given** to him. He **has been given** a dog.	
PAST PERFECT	She **had spent** hours planning this party.	Hours **had been spent** planning this party.	
FUTURE PERFECT	We'll **have cleared** things up by ten.	Things **will have been cleared up** by ten.	

IRREGULAR VERBS
LOS VERBOS IRREGULARES

A continuación se presenta una lista de 115 verbos irregulares útiles, con sus formas en infinitivo (presente), pretérito (pasado) y participio pasado, además de su sentido primario en español.

Infinitive (present)	Preterit (past)	Past participle	En español		Infinitive (present)	Preterit (past)	Past participle	En español
Arise	Arose	Arisen	*Levantarse*		Fly	Flew	Flown	*Volar,*
Be	Was, were	Been	*Ser, estar*					*Viajar en avión*
Bear	Bore	Borne	*Llevar*		Forbid	Forbade	Forbidden	*Prohibir*
Beat	Beat	Beaten	*Golpear*		Forget	Forgot	Forgotten	*Olvidar*
Become	Became	Become	*Volverse*		Forgive	Forgave	Forgiven	*Perdonar*
Begin	Began	Begun	*Comenzar*		Freeze	Froze	Frozen	*Congelar*
Bind	Bound	Bound	*Atar*		Get	Got	Got, Gotten	*Obtener*
Bite	Bit	Bitten	*Morder*		Give	Gave	Given	*Dar*
Bleed	Bled	Bled	*Sangrar*		Go	Went	Gone	*Ir*
Blow	Blew	Blown	*Soplar*		Grind	Ground	Ground	*Moler*
Break	Broke	Broken	*Romper*		Grow	Grew	Grown	*Crecer,*
Bring	Brought	Brought	*Traer*					*Desarrollarse*
Build	Built	Built	*Construir*		Hang	Hung	Hung	*Colgar,*
Burst	Burst	Burst	*Estallar*					*Suspender*
Buy	Bought	Bought	*Comprar*		Have	Had	Had	*Tener*
Catch	Caught	Caught	*Atrapar*		Hear	Heard	Heard	*Oír*
Choose	Chose	Chosen	*Escoger*		Hide	Hid	Hidden	*Esconder*
Come	Came	Come	*Venir*		Hit	Hit	Hit	*Pegar, Golpear*
Cost	Cost	Cost	*Costar*		Hold	Held	Held	*Mantener*
Creep	Crept	Crept	*Arrastrarse*		Hurt	Hurt	Hurt	*Lastimar(se)*
Cut	Cut	Cut	*Cortar*		Keep	Kept	Kept	*Guardar*
Dig	Dug	Dug	*Excavar*		Know	Knew	Known	*Saber,*
Do	Did	Done	*Hacer*					*Conocer*
Draw	Drew	Drawn	*Tirar de,*		Lay	Laid	Laid	*Colocar*
			Dibujar		Lead	Led	Led	*Guiar,*
Drink	Drank	Drunk	*Beber*					*Dirigir*
Drive	Drove	Driven	*Conducir*		Leave	Left	Left	*Dejar,*
Eat	Ate	Eaten	*Comer*					*Retirarse*
Fall	Fell	Fallen	*Caer*		Lend	Lent	Lent	*Prestar*
Feed	Fed	Fed	*Alimentar*		Let	Let	Let	*Dejar*
Feel	Felt	Felt	*Sentir*		Lie	Lay	Lain	*Yacer*
					Light	Lit	Lit	*Alumbrar, Encender*
Fight	Fought	Fought	*Pelear*		Lose	Lost	Lost	*Perder*
Find	Found	Found	*Encontrar*		Make	Made	Made	*Hacer,*
								Fabricar

IRREGULAR VERBS
LOS VERBOS IRREGULARES

Infinitive (present)	Preterit (past)	Past participle	En español
Mean	Meant	Meant	Querer decir
Meet	Met	Met	Encontrarse con alguien
Pay	Paid	Paid	Pagar
Put	Put	Put	Poner
Read	Read	Read	Leer
Rid	Rid	Rid	Deshacerse de
Ride	Rode	Ridden	Montar, Ir en un vehículo
Ring	Rang	Rung	Sonar, tocar el timbre
Rise	Rose	Risen	Levantarse
Run	Ran	Run	Correr
Say	Said	Said	Decir
See	Saw	Seen	Ver
Seek	Sought	Sought	Buscar
Sell	Sold	Sold	Vender
Send	Sent	Sent	Enviar
Set	Set	Set	Colocar, Acomodar
Shake	Shook	Shaken	Sacudir, Temblar
Shine	Shone	Shone	Brillar
Shoot	Shot	Shot	Disparar (arma)
Show	Showed	Shown	Mostrar
Shrink	Shrank	Shrunk	Encoger
Shut	Shut	Shut	Cerrar
Sing	Sang	Sung	Cantar
Sink	Sank	Sunk	Hundirse
Sit	Sat	Sat	Sentarse, Estar sentado
Sleep	Slept	Slept	Dormir
Slide	Slid	Slid	Resbalarse
Speak	Spoke	Spoken	Hablar
Spend	Spent	Spent	Gastar
Spin	Spun	Spun	Hilar, Hacer girar

Infinitive (present)	Preterit (past)	Past participle	En español
Split	Split	Split	Dividir
Spread	Spread	Spread	Extender
Spring	Sprang	Sprung	Saltar
Stand	Stood	Stood	Estar de pie, Quedarse de pie
Steal	Stole	Stolen	Robar, Hurtar
Stick	Stuck	Stuck	Pegar
Strike	Struck	Struck	Golpear
Swear	Swore	Sworn	Jurar
Sweep	Swept	Swept	Barrer
Swim	Swam	Swum	Nadar, Bañarse
Swing	Swung	Swung	Columpiar
Take	Took	Taken	Tomar, llevar
Teach	Taught	Taught	Enseñar
Tear	Tore	Torn	Desgarrar
Tell	Told	Told	Decir, Narrar
Think	Thought	Thought	Pensar
Throw	Threw	Thrown	Lanzar, Echar
Thrust	Thrust	Thrust	Empujar con fuerza
Understand	Understood	Understood	Entender, comprender
Upset	Upset	Upset	Volcar(se)
Wake	Woke	Woken	Despertar(se)
Wear	Wore	Worn	Usar, llevar puesto (ropa)
Win	Won	Won	Ganar, Vencer
Wind	Wound	Wound	Enrollar
Write	Wrote	Written	Escribir

SECTION THREE
CONSTRUCTION OF SENTENCES: SYNTAX

TERCERA SECCIÓN
LA CONSTRUCCIÓN DE FRASES: LA SINTAXIS

QUESTIONS IN INVERTED FORM
LA PREGUNTA POR INVERSIÓN

Las preguntas, así como las frases no se construyen solamente a partir de un modelo o fórmula únicos. Dicho esto, a continuación se presenta la disposición típica de los diversos elementos, su respectiva posición habitual y la razón de su uso, a fin de ayudar a "analizar" una pregunta.

1. *Construyamos en primer lugar la forma interrogativa del verbo* **TO EAT** *(comer) en* simple present, *si se tiene la intención de describir una acción de rutina (véase p. 122), con un sujeto: el pronombre personal* **SHE** *(ella).*	**DOES SHE EAT ?**
2. *Completemos la estructura básica de nuestra pregunta poniendo, después del verbo, un complemento de objeto directo,* **SOUP** *(sopa), para precisar de qué se trata.*	**DOES SHE EAT SOUP ?**
3. *Para precisar el sustantivo* **SOUP** *(sopa), coloquemos antes de él un sustantivo utilizado como adjetivo (véase p. 86),* **CHICKEN** *(de pollo).*	**DOES SHE EAT CHICKEN SOUP ?**
4. *Para proporcionar una precisión complementaria al sustantivo* **SOUP** *(sopa), coloquemos después de* **CHICKEN** *(de pollo) un segundo sustantivo utilizado como adjetivo,* **NOODLE** *(tallarín). Se respeta el orden de importancia de los componentes.*	**DOES SHE EAT CHICKEN NOODLE SOUP ?**
5. *Para proporcionar una precisión de tiempo, coloquemos al final de la pregunta un indicador de tiempo,* **AT NOON** *(a mediodía).*	**DOES SHE EAT CHICKEN NOODLE SOUP AT NOON?**
6. *Para proporcionar una precisión de frecuencia, coloquemos antes del verbo un indicador de frecuencia,* **ALWAYS** *(siempre) (véase p. 45).*	**DOES SHE ALWAYS EAT CHICKEN NOODLE SOUP AT NOON?**
7. *Coloquemos una palabra interrogativa,* **WHY** *(por qué), al inicio de la pregunta, para informarse acerca de una razón (véase p. 52)*	**WHY DOES SHE ALWAYS EAT CHICKEN NOODLE SOUP AT NOON?**

THE STATEMENT
EL ENUNCIADO

Las frases, así como las preguntas no se construyen solamente a partir de un modelo o fórmula únicos. A continuación se presenta una disposición típica de los diversos elementos, su respectiva posición habitual y la razón de su uso, a fin de ayudar a "analizar" un enunciado.

1. Construyamos en primer lugar la forma declarativa del verbo **TO EAT** *(comer) en simple present, si se tiene la intención de describir una acción de rutina (véase p. 123), con un sujeto: el pronombre personal* **SHE** *(ella). (véase p. 94).*	**SHE EATS. . .**
2. Completemos la estructura básica de nuestra frase colocando, después del verbo, un complemento de objeto directo, **SOUP** *(sopa), para precisar de qué se trata.*	**SHE EATS SOUP.**
3. Para proporcionar precisión de tiempo, coloquemos un indicador de tiempo, **AT NOON** *(a mediodía), al final de la frase o de la proposición que se precisa.*	**SHE EATS SOUP AT NOON.**
4. Si se desea proporcionar una precisión de razón calificando a la palabra **SOUP** *(sopa), la forma habitual de construcción consiste en comenzar por* **IT'S** *(es), que es la contracción de* **IT IS** *(es) (véase p. 155).*	**SHE EATS SOUP AT NOON IT'S. . .**
5. Hagamos una precisión ahora añadiendo, después del verbo, los adjetivos calificativos de tipo atributivo **LIGHT** *(ligero) y* **TASTY** *(sabroso) unidos por* **AND** *(y).*	**SHE EATS SOUP AT NOON IT'S LIGHT AND TASTY.**
6. Habiendo formulado ya la precisión de razón, introduzcámosla ahora con un indicador de razón, en este caso **BECAUSE** *(porque) (véase p. 153). Observemos que* **AS** *(puesto que, dado que),* **FOR** *(porque) o* **SINCE** *(puesto que, ya que) se podrían utilizar también (véase p. 53).*	**SHE EATS SOUP AT NOON BECAUSE IT'S LIGHT AND TASTY.**

THE POSITION OF ADVERBS IN A SENTENCE
EL LUGAR DE LOS ADVERBIOS EN LA ORACIÓN

Examples	Adverbs	Reglas
a He took note **carefully.** She speaks Spanish **well.** We act **quickly.**	**OF MANNER** (MODIFYING A VERB)	El adverbio de manera (de modo) se coloca después del complemento de objeto directo. Si no hay complemento de objeto directo, el adverbio de manera se coloca después del verbo.
b I bought these clothes **there.** We saw your sister **somewhere else.** They looked **everywhere.** It happened **here.** We played well **there.** He's probably **outside.**	**OF PLACE** (MODIFYING A VERB)	El adverbio de lugar se coloca después del complemento de objeto directo. Si no hay complemento de objeto directo, el adverbio de lugar se coloca después del verbo. El adverbio de lugar se coloca después del adverbio de manera, si es que hay alguno.
c **Now** we can work. **Tonight** we will leave. She should arrive **tomorrow.** I met them **long ago.**	**OF TIME** (MODIFYING A VERB)	El adverbio de tiempo puede colocarse (rara vez) al inicio de la frase. El adverbio de tiempo puede colocarse (casi siempre) al final de la frase.

THE POSITION OF ADVERBS IN A SENTENCE
EL LUGAR DE LOS ADVERBIOS EN LA ORACIÓN

Examples	Adverbs	*Reglas*
d They **always** look after their kids. You **never** get nervous. She is **often** on time for meals. He was **seldom** out of breath. You should **always** fasten your belt. You have **often** been told to stop doing that.	**OF FREQUENCY** (MODIFYING A VERB)	*El adverbio de frecuencia se coloca antes del verbo, en los tiempos simples.* *El adverbio de frecuencia se coloca después de* TO BE *(ser o estar), en los tiempos simples.* *El adverbio de frecuencia se coloca entre el auxiliar y el verbo cuando hay un auxiliar.*
e **First,** place the pieces in order. **Then** fit them together.	**OF SEQUENCE** (MODIFYING A VERB)	*El adverbio de secuencia se coloca generalmente al inicio de la frase, seguido o no de una coma.*
f We could have learned **more.** I won't give him **much.**	**OF QUANTITY** (MODIFYING A VERB)	*El adverbio de cantidad generalmente se coloca al final de la frase.*
g I **almost** fell off the ladder. She **fully** understands. They could **hardly** hear me. We were **just** going to leave.	**OF DEGREE** (MODIFYING A VERB)	*El adverbio de graduación se coloca antes del verbo en los tiempos simples.* *El adverbio de graduación se coloca entre el auxiliar y el verbo, cuando hay un auxiliar.*

QUESTIONS USING AN INTERROGATIVE WORD
LA PREGUNTA CON PALABRA INTERROGATIVA

La palabra interrogativa que introduce la pregunta puede ser un pronombre (**who, whom, what, which, whose**), un adjetivo (**what, which, whose**) o un adverbio (**where, when, how, why,** etcétera).

INFORMACIÓN SOLICITADA	QUESTION WORDS	PALABRA INTERROGATIVA
a La **identidad** de una **persona:**	WHO. . .? WHOM. . .?	¿Quién. . .?
b La **naturaleza** de una **cosa:**	WHAT. . .?	¿Qué. . .? ¿Cuál. . .? ¿Cuáles?
c La **elección** entre varios:	WHICH. . .?	¿Cuál? ¿Cuáles. . .?
d La **pertenencia:**	WHOSE. . .?	¿De quién. . .? ¿A quién?
e El **lugar:**	WHERE. . .?	¿Dónde. . .?
f El **tiempo,** el **momento:**	WHEN. . .?	¿Cuándo?
g La **manera,** el **estado,** el **grado:**	HOW. . .?	¿Cómo. . .?
h La **razón,** la **causa:**	WHY. . .?	¿Por qué?
i El **fin,** la **utilidad:**	WHAT FOR. . .?	¿Para qué. . .?
j La **cantidad,** el **monto,** el **precio:**	HOW MUCH. . .?	¿Cuánto. . .?
k El **número:**	HOW MANY. . .?	¿Cuántos. . .? ¿Cuántas. . .?
l La **duración:**	HOW LONG. . .?	¿Durante cuánto tiempo. . .?
m La **frecuencia:**	HOW OFTEN. . .?	¿Cuántas veces. . .?
n La **distancia:**	HOW FAR. . .?	¿A qué distancia. . .?
o Las **medidas:**	HOW LONG. . .? HOW WIDE. . .? HOW HIGH. . .?	¿Qué longitud. . .? ¿Qué anchura. . .? ¿Qué altura. . .?
p La **edad:**	HOW OLD. . .?	¿Qué edad? ¿Cuántos años. . .?

QUESTIONS USING AN INTERROGATIVE WORD
LA PREGUNTA CON PALABRA INTERROGATIVA

La pregunta con palabra interrogativa sirve para informarse acerca de hechos, acontecimientos y de las circunstancias que los rodean.

FORMA DE EMPLEO

a Who   *sujeto:* **Who** are you? **Who**'s this girl? **Who** just phoned?

    Who   *complemento, sobre todo en la conversación, cuando no lo preceda una preposición:* **Who (m)** did you call? **Who (m)** were you talking with?

    Whom *complemento:* With **whom** did you leave?

b What *empleado aisladamente:* **What**'s this? **What** are you talking about?
    What *antes de un sustantivo:* **What** time is it? **What** ·news have you?

c Which (of) *empleado aisladamente:* **Which** of these singers is your favorite?
    Which *antes de un sustantivo o de un pronombre:* **Which** pants are you going to wear?

d Whose *antes de un sustantivo:* **Whose** gloves are these? **Whose** daughter is she?

e Where do you live? **Where** is he going? **Where** is the post office?

f When did you arrive? **When** is she leaving? **When** will we meet again?

g ** *La manera:* **How did you get here? *El estado:* **How** are you? *El grado:* **How** did you like it?

h Why are you late? **Why** do you look so upset? **Why** are you crying?

i ** *El fin:* **What are you saving **for** *La utilidad:* **What**'s that **for**?

j ** *Antes de los incuantificables:* **How much (money) do you need? **How much** sugar did you buy?

k ** *Antes de los cuantificables:* **How many dollars will it cost? **How many** (people) are you at home?

l How long have you been in hospital? **How long** will you be in New York?

m How often do you meet? **How often** do you go to the movies?

n How far is it to the next gas station? **How far** is Ottawa from Montreal?

o How long is this ribbon? **How wide** is your pool? **How high** is this building?

p How old are you? **How old** is this house?

TAG ENDINGS
LA PREGUNTA DE CONFIRMACIÓN

La pregunta de confirmación se utiliza mucho en inglés. Corresponde a «¿No es así? ¿Verdad? ¿O sí? ¿No es verdad?» en español.
NOTA: En la conversación ordinaria, la pregunta de confirmación en inglés se da a menudo mediante EH? y en español por ¿Sí? ¿No?
Ejemplo: You're a student, eh? (Eres estudiante, ¿no?) She isn't your sister, eh? (Ella no es tu hermana, ¿o sí?).

Verb tense	Sentence	Tag ending	Forma de empleo
SIMPLE PRESENT	You **understand** this lesson, She **lives** with her parents, Your parents **are** quite young, Giovanni **isn't** very careful, This house **doesn't** belong to you, Carla and Bobby **don't** know each other,	**don't you?** **doesn't she?** **aren't they?** **is he?** **does it?** **do they?**	*Fórmula de cortesía, solicitud de aprobación, de confirmación y de opinión, según el caso, el contexto y el tono utilizado.*
SIMPLE PAST	Cathy **worked** hard yesterday, Your brothers **found** their way, You **didn't travel** by car, I **wasn't** here when they arrived, She **was** your best friend, The Jacksons **weren't** your neighbors,	**didn't she?** **didn't they?** **did you?** **was I?** **wasn't she?** **were they?**	
SIMPLE FUTURE	You'**ll be** back by midnight, Patrick **won't fail,** This car **will be repaired** tonight, Mom **won't let** her employees quit, Our friends **won't forget** us, It'**ll prove** what we said,	**won't you?** **will he?** **won't it?** **will she?** **will they?** **won't it?**	

A continuación presentamos las reglas que deben observarse para construir la pregunta de confirmación:

1. *Cuando la **frase** es **afirmativa**, la pregunta de confirmación es **negativa**.*
   *Cuando la **frase** es **negativa**, la pregunta de confirmación es **afirmativa**.*

2. *En la pregunta afirmativa, se utiliza el **auxiliar (uno solo)**, el cual se **colocaría antes del sujeto** si el **verbo** principal estuviera en la **forma interrogativa** o **interrogativa-negativa**, según el caso.*

3. *El **sujeto del verbo** principal debe reemplazarse (si no es ya un pronombre personal) por el **pronombre personal del sujeto** correspondiente en la pregunta de confirmación (véase el cuadro Los pronombres personales, p. 94).*

SHORT ANSWERS
LA RESPUESTA BREVE

La respuesta breve (short answer) *es la contestación del segundo interlocutor a la pregunta de confirmación (respuesta de confirmación). Es una aprobación, una confirmación o la opinión que da este interlocutor.*

Verb tense	Sentence	Tag ending	Short answer
SIMPLE PRESENT	You**'re** a student,	**aren't you?**	Yes, **I am.**/No, **I'm not.**
	You **don't live** around here,	**do you?**	Yes, **we do.**/No, **we don't.**
	This blond girl **is** your sister,	**isn't she?**	Yes, **she is.**/No, **she isn't.**
SIMPLE PAST	You **saw** the accident happen,	**didn't you?**	Yes, **I did.**/No, **I didn't.**
	Dad **washed** dishes yesterday,	**didn't he?**	Yes, **he did.**/No, **he didn't.**
	It **wasn't** very cold last night,	**was it?**	Yes, **it was.**/No, **it wasn't.**
SIMPLE FUTURE	You**'ll give** me a hand,	**won't you?**	Yes, **I will.**/No, **I won't.**
	Carmen **won't wait** very long,	**will she?**	Yes, **she will.**/No, **she won't.**
	The dogs **won't be** let loose,	**will they?**	Yes, **they will.**/No, **they won't.**
FUTURE INTENSIVE	You**'re going to** make an effort,	**aren't you?** **won't you?***	Yes, **I am.**/No, **I'm not.** Yes, **I will.**/No, **I won't.***
	Your friend**'s going to** succeed,	**isn't he?** **won't he?***	Yes, **he is.**/No, **he's not.** Yes, **he will.**/No, **he won't.***
PRESENT CONTINUOUS/PROGRESSIVE	I**'m doing** a good job,	**aren't I?**	Yes, **you are.**/No, **you aren't.**
	Those people **are expecting** us,	**aren't they?**	Yes, **they are.**/No, **they aren't.**
PAST CONTINUOUS/PROGRESSIVE	You **were writing** when I came in,	**weren't you?**	Yes, **I was.**/No, **I wasn't.**
	Shirley **wasn't counting** on you,	**was she?**	Yes, **she was.**/No, **she wasn't.**

* **Will** *o* **won't** *en* **"simple future"** *convienen también después de un verbo conjugado en* **"future intensive"**.

SHORT ANSWERS
LA RESPUESTA BREVE

Verb tense	Sentence	Tag ending	Short answer
FUTURE CONTINUOUS/PROGRESSIVE	You**'ll be working** when we leave, The Garcias **won't be traveling** for days.	**won't you?** **will they?**	Yes, **I will.**/No, **I won't.** Yes, **they will.**/No, **they won't.**
PRESENT PERFECT	I**'ve done** the best I could, Paul **hasn't finished** yet,	**haven't I?** **didn't I?*** **has he?** **did he?***	Yes, **you have.**/ No, **you haven't.** Yes, **you did.***/No, **you didn't.*** Yes, **he has.**/No, **he hasn't.** Yes, **he did.**/No **he didn't.***
PAST PERFECT	Carolina **had left** by the time I called, You **hadn't had** much success before we joined you,	**hadn't she?** **had you?**	Yes, **she had.**/No, **she hadn't.** Yes, **we had.**/No, **we hadn't.**
FUTURE PERFECT	They **won't have completed** their work by ten, We**'ll have settle**d that point by next week,	**will they?** **won't we?**	Yes, **they will (have).**/ No, **they won't (have).** Yes, **we will (have)l.**/ No, **we won't (have).**

A continuación se presentan algunas reglas que deben observarse para construir una respuesta breve.

*1. La **respuesta breve** puede ser **afirmativa** o **negativa**, según la opinión del interlocutor.*

*2. La **respuesta breve** se forma con el **pronombre personal del sujeto** y un **auxiliar**.*

*3. En la **respuesta breve afirmativa**, el **auxiliar** conserva su **forma original, no la contracción**.*

*4. El **tiempo** de la **respuesta breve** vuelve a tomar el tiempo del **verbo** y el de la **pregunta de confirmación**.*

*5. La **respuesta breve** puede ir precedida de **yes** o de **no** a manera de refuerzo.*

*Did o didn 't en "simple past" convienen también después de un verbo en "present perfect".

RELATIVE CLAUSES
LAS PROPOSICIONES RELATIVAS

Las proposiciones adjetivas desempeñan el papel de un adjetivo y se relacionan con un sustantivo (o con un pronombre) para aportarle precisiones.

ADJECTIVAL RELATIVE CLAUSES INTRODUCED BY PRONOUNS		*PROPOSICIONES RELATIVAS DE TIPO ADJETIVAL QUE EMPIEZAN CON UN PRONOMBRE*	
Examples	Relative pronouns	*Forma de empleo*	*En español*
The man **who is standing there** is a policeman. Christina, **who is 18 years old,** has her own car.	**WHO***	*Sujeto en la proposición; reemplaza a un nombre de persona.*	***Quien, que***
Pete, **with whom we went out last night,** is a cook.	**WHOM**	*Complemento en la proposición; reemplaza a un nombre de persona.*	***Qué, quién, a quién, de quién, al cual, del cual, el cual, etc.***
Those **whose wages have gone up are happy.** My brother, **whose car is parked here,** should be back soon.	**WHOSE**	*Complemento en la proposición; reemplaza a un nombre de persona e indica pertenencia.*	***Cuyo, cuya, cuyas, cuyos***
What we saw upset us. **What's done** is done.	**WHAT**	*Sujeto o complemento en la proposición, para "lo que".*	***Lo que***
Here is the picture **which caused such a sensation.** Our new house, **which we bought last year,** is very large.	**WHICH**	*Sujeto o complemento en la proposición; reemplaza al nombre de una cosa.*	***Que, el que, el cual, la cual, los cuales, las cuales***
She is the best person **that ever led our group.** He is the one **(that) people are waiting for.**	**THAT**	*Sujeto o complemento en la proposición; reemplaza a un nombre de persona.*	***Qué, quién***
The stairs **that lead to the attic** are narrow. The vegetables **(that) we are eating** come from our garden.		*Sujeto o complemento en la proposición; reemplaza al nombre de una cosa o de un animal.*	

*En la lengua hablada, who también se utiliza como complemento cuando no le precede una preposición.
Ej. John, who you spoke to yesterday...

RELATIVE CLAUSES
LAS PROPOSICIONES RELATIVAS

ADJECTIVAL RELATIVE CLAUSES INTRODUCED BY ADVERBS		*PROPOSICIONES RELATIVAS DE TIPO ADJETIVAL QUE EMPIEZAN CON UN ADVERBIO*	
Examples	Adverbs	*Forma de empleo del adverbio.*	*En español*
The condominium **where you live** is absolutely wonderful. The old house **where I was born** is going to be torn down.	**WHERE**	*Indicador de lugar en la proposición.*	***Donde (lugar)***
I like to remember back to **when I was a child.** In the early eighties, **when the recession hit**, we lost a lot of money.	**WHEN**	*Indicador de tiempo en la proposición.*	***Cuando (tiempo), durante, mientras, el cual, etcétera.***

NOTA: La proposición adjetiva de tipo determinativo aporta al sustantivo o al pronombre que la precede una precisión esencial, según el sentido de la frase. La proposición relativa de tipo explicativo, entre comas, aporta al sustantivo o al pronombre que la precede una precisión no esencial, según el sentido de la frase.

NOUN CLAUSES INTRODUCED BY PRONOUNS		*PROPOSICIONES RELATIVAS DE TIPO NOMINAL QUE EMPIEZAN CON UN PRONOMBRE*	
Examples	Introducing pronouns	*Forma de empleo*	*En español*
We don't know yet **who is responsible for this.**	**WHO**	*Sujeto en la proposición; representa una o varias personas.*	***Quién***
Tell me **whose booklets those are.**	**WHOSE**	*Complemento en la proposición para indicar pertenencia.*	***A quién, de quién.***
Don't tell me **what to do!** **What you do** is your business.	**WHAT**	*Sujeto o complemento en la proposición; representa una o varias cosas.*	***Qué, lo que***
I can't remember **which is her favorite.**	**WHICH**	*Sujeto o complemento en la proposición para indicar una elección.*	***Cuál, cuáles***

RELATIVE CLAUSES
LAS PROPOSICIONES RELATIVAS

NOUN CLAUSES INTRODUCED BY MARKERS (ADVERBS OR CONJUNCTIONS)		*PROPOSICIONES RELATIVAS DE TIPO NOMINAL QUE EMPIEZAN CON UN INDICADOR (ADVERBIO O CONJUNCIÓN)*	
Examples	Markers	*Forma de empleo*	*En español*
Did you forget **where you were supposed to go?**	**WHERE**	*Indicador de lugar en la proposición.*	**Dónde, a dónde**
They still remember **when they first came here.**	**WHEN**	*Indicador de tiempo en la proposición.*	**Cuándo**
She'll show you **how this machine works.**	**HOW**	*Indicador de manera o de grado en la proposición.*	**Cómo**
Can you explain **why you quarrel so often?**	**WHY**	*Indicador de razón en la proposición.*	**Por qué**
I feel **(that) things are going to improve.**	**THAT**	*Indicador de unión entre proposiciones.*	**Que**
I wonder **whether we should move or not.** Ask him **if he agrees with your decision.**	**WHETHER/IF**	*Indicador de alternativa o duda en la proposición.*	**Si**
I don't know **how much they need.** I wonder **how old she could be.**	**COMPOUNDS WITH HOW**	*Indicador de grado, de cantidad, etcétera.*	**Cuánto, qué edad, etcétera**

ADVERBIAL CLAUSES
LAS PROPOSICIONES ADVERBIALES

Las proposiciones adverbiales se relacionan con un verbo. Explican, completan o proporcionan información adicional acerca de una acción principal.

ADVERBIAL CLAUSES OF TIME AND FREQUENCY		*PROPOSICIONES ADVERBIALES DE TIEMPO Y DE FRECUENCIA*
Examples	Markers	*Indicadores equivalentes en español*
After they had left, I hurried through the clean up.	**AFTER**	*Después de que*
She changed her mind **as we were going to sign up.**	**AS**	*En el momento en que, cuando*
I'll give you my support **as often as you need** it.	**AS OFTEN AS**	*Tan a menudo como, tantas veces como,*
We'll get back to work **as soon as it stops raining.**	**AS SOON AS**	*Tan pronto como, en el momento en que*
Think it over **before you make a final decision.**	**BEFORE**	*Antes de que*
Things will have been settled **by the time he hears about it.**	**BY THE TIME**	*Cuando*
They have moved four times **since they got married.**	**SINCE**	*Desde que*
The moment I saw her, I knew we'd become friends.	**THE MOMENT**	*Desde el momento en que*
She'll stay up **till/until she gets word of your condition.**	**TILL/UNTIL**	*Hasta que*
I was reading the paper **when you phoned me.**	**WHEN**	*Cuando*
You can come here **whenever you feel like it.**	**WHENEVER**	*Siempre que*
Well feed your cat **while you're away.**	**WHILE**	*Mientras (que), en tanto (que)*

ADVERBIAL CLAUSES
LAS PROPOSICIONES ADVERBIALES

ADVERBIAL CLAUSES OF PLACE		*LAS PROPOSICIONES ADVERBIALES DE LUGAR*
Examples	Markers	*Indicadores equivalentes en español*
She ran **as far as her legs would take her.**	**AS FAR AS**	*Tan lejos como*
Stay **where you are!**	**WHERE**	*Donde*
I'll go **wherever it suits me best.**	**WHEREVER**	*Donde quiera que*

ADVERBIAL CLAUSES OF MANNER, DEGREE AND COMPARISON		*LAS PROPOSICIONES ADVERBIALES DE MODO, DE GRADO Y DE COMPARACIÓN*
Examples	Markers	*Indicadores equivalentes en español*
Do **as you like!**	**AS**	*Como*
This is proving **as difficult as we thought.**	**AS. . .AS**	*Tan. . .como*
Don't settle for **less than was promised.**	**LESS. . .THAN**	*Menos. . .que*
Complaining to him is **like talking to a stone.**	**LIKE**	*Como*
You managed to eat **more than I expected.**	**MORE THAN**	*Más. . .que, más de lo que*

ADVERBIAL CLAUSES
LAS PROPOSICIONES ADVERBIALES

ADVERBIAL CLAUSES OF CAUSE		*LAS PROPOSICIONES ADVERBIALES DE CAUSA*
Examples	Markers	*Indicadores equivalentes en español*
Some people get into trouble **because they don't mind their own business.**	**BECAUSE**	*Porque*
I didn't hurry back, **for I didn't know our guests were here.**	**FOR**	*Porque, pues*
Since you never take advice, there's no point in asking for it.	**SINCE**	*Como, puesto que, ya que, dado que*

ADVERBIAL CLAUSES OF PURPOSE		*LAS PROPOSICIONES ADVERBIALES DE FINALIDAD*
Examples	Markers	*Indicadores equivalentes en español*
Lend me a hand **in order that we get this finished.**	**IN ORDER THAT**	*A fin de que*
He stepped aside **so I could get by.**	**SO**	*Para que,*
She turned the light on **so that we could read more easily.**	**SO THAT**	*De manera que, de suerte que*

ADVERBIAL CLAUSES
LAS PROPOSICIONES ADVERBIALES

ADVERBIAL CLAUSES OF OPPOSITION AND CONCESSION		*LAS PROPOSICIONES ADVERBIALES DE OPOSICIÓN Y DE CONCESIÓN*
Examples	Markers	*Indicadores equivalentes en español*
I have no intention of giving up **although I am fed up.**	**ALTHOUGH**	*Aunque, aun si,*
Even if you don't agree with me, you can still be polite.	**EVEN IF**	*Aun*
I'll do it on my own **even though I'd like some help.**	**EVEN THOUGH**	*Aun cuando*
No matter why you were late, you should apologize!	**NO MATTER**	*Sin importar*
She still likes her job, **though it's very demanding.**	**THOUGH**	*A pesar de que, aunque*
Whoever you may be, you're not allowed to push people around.	**WHOEVER**	*Quien quiera, sin importar quién*
Whatever he might have done before, this man has been good to us.	**WHATEVER**	*Cualquier cosa, sin importar lo que*
Whichever you pick it won't be a bad deal.	**WHICHEVER**	*Cualquiera que, sin importar cuál*
They'll find him again **wherever he may hide.**	**WHEREVER**	*Dondequiera que, sin importar dónde*
We'll be ready **whenever they decide to fight.**	**WHENEVER**	*En cualquier momento en que, sin importar cuándo*
However polite you may be, I don't like your attitude.	**HOWEVER**	*Por. . .que sea (n), sin importar qué tan*

ADVERBIAL CLAUSES
LAS PROPOSICIONES ADVERBIALES

ADVERBIAL CLAUSES OF CONDITION AND RESTRICTION		*LAS PROPOSICIONES ADVERBIALES DE CONDICIÓN Y DE RESTRICCIÓN*
Examples	Markers	*Indicadores equivalentes en español*
As far as I'm concerned, you can do what you want.	**AS FAR AS**	*Por lo que, hasta donde,*
She doesn't mind working hard **as long as it pays well.**	**AS LONG AS**	*En tanto que, siempre y cuando que, mientras que*
We'd better take care of our goods **considering that prices are so high.**	**CONSIDERING**	*Considerando que*
She would like her job **except that she works long hours.**	**EXCEPT**	*Excepto porque, salvo que*
If he runs all the way, he'll arrive on time.	**IF**	*Si*
I'll let them in **provided they promise not to squabble.**	**PROVIDED**	*Con tal de que, a condición de que*
Suppose/supposing you won a million dollars, what would you do?	**SUPPOSE/ SUPPOSING**	*Suponiendo que. . ., bajo el supuesto de que*
You won't succeed **unless you make an effort.**	**UNLESS**	*A menos de que*

ADVERBIAL CLAUSES
LAS PROPOSICIONES ADVERBIALES

ADVERBIAL CLAUSES OF RESULT		*LAS PROPOSICIONES ADVERBIALES DE CONDICIÓN Y DE RESTRICCIÓN*
Examples	Markers	*Indicadores equivalentes en español*
There is **so** much noise **that we can't hear each other.**	**SO. . .THAT**	*Tan. . .que, tanto. . .que*
She is **such** a nice person **that she makes friends easily.**	**SUCH. . .THAT**	*Tan. . .que*

ADVERBIAL CLAUSES OF CIRCUMSTANCE COMPARISON, CAUTION, REGRET AND HOPE		*LAS PROPOSICIONES ADVERBIALES DE EFECTO*
Examples	Markers	*Indicadores equivalentes en español*
He acts **as if he had been aware of the danger.**	**AS IF**	*Como si*
She sings **as though she had done so for years.**	**AS THOUGH**	*Como si*
I carry a first-aid kit **in case someone is injured.**	**IN CASE**	*En caso de que, por si acaso*
If only she hadn't left, we could have talked it over.	**IF ONLY**	*Si solamente*

ÍNDICE DE FUNCIONES

INDEX OF FUNCTIONS

ÍNDICE DE NOCIONES

INDEX OF NOTIONS

Esta obra se terminó de imprimir en febrero del 2008
en Litográfica Ingramex, S.A. de C.V.
Centeno 162-1, Col. Granjas Esmeralda
México, D.F. 09810